沖縄にそそがれる大御心

伊藤陽夫

まえがき

　鬼籍に直面している愚生に延命の勇気づけのために京都通信社代表の中村基衞氏がこの冊子の上梓を勧めてくれました。かつて『大御心《おおみごころ》と沖縄　その一』を出して下さって絶版になっている今、アマゾンでプレミアつきになっている実情もあり、続巻、その二の刊行は筆者の責務でもありました。沖縄県護国神社宮司在任中に社報『うむい』にそのつもりで執筆連載しておりました「沖縄にそそがれる大御心」をまとめ、加筆して、いっとき雑誌『伝統と革新』（四宮正貴氏主宰）に上下に分けて連載発表しました。それを今回さらに構成を変えて加筆いたしました。

　天皇皇后両陛下の第九回、第十回の沖縄県行幸啓のときには、愚生は罹病休職中であったり、宮司離任後であったために御奉迎も取材もできませんでしたが、論述に関しては神佑天助《しんゆうてんじょ》を得て全うすることができました。講演録転載をお許し下さった外間《ほかま》邦子女史始め関係者の皆様にあらためて感謝申し上げます。なにはともあれ沖縄に注ぎつづけられる大御心が、いかに人々の心をいたわり癒しつづけてこられたか、感動を深めながら少しづつ見聞きしたものを綴っております。

ささやかながらこの冊子によって、人々の皇室に対する思いが正され、日本人としての正しい自覚が促され、仰敬の念が深まり、少しでも御宸襟《しんきん》の安らぎにお役に立つことができますならばこの上なき幸せに存ずる次第であります。

平成二十八年一月一日

兵庫県西宮市在住

伊藤陽夫

沖縄にそそがれる大御心

もくじ

第二章　十回のご来県を追って

第三章　沖縄理解への道に大御心を仰ぐ

番外編　沖縄県護国神社境内に御製御歌の歌碑建立

【収録】

大御心と沖縄　その一

第一章　ルサンチマン（怨念）を溶かす大御心

騒然たる沖縄に飛び込むお覚悟

皇族が戦後初めて沖縄に来られたのは昭和五十年のことでした。今上陛下が皇太子時代、妃殿下とおそろいでの行啓で、沖縄国際海洋博覧会の開会式式典にご臨席されるためでした。周知のとおり、このとき「ひめゆりの塔」で火炎瓶投擲《とうてき》事件がありました。公的に沖縄県民が歓迎する一方で、一部県民の誤解による皇室に対する尋常ならざる怨念の炎が燃えつづけていたためであったのでしょうか。当時皇太子であられた今上陛下は深いご慈心と勝れたご洞察力で実情を透察しておられ、その故にこそ騒然たる沖縄に飛び込み、沖縄の人々の心を理解しようとされ、慈愛のまごころをそそぎつづけてこられたのです。

ひめゆりの塔事件

いまでは考えられないことですが、事件の数日前に、あろうことか沖縄県警本部の記者クラブで、ヤマトから来た中核派の二名による記者会見が行われています。「皇太子訪沖阻止〝爆砕〟、天皇訪米阻止闘争と共に今年の闘争目標」という反皇室闘争宣言を、その場でぶち上げたのです。県警本部の広報課員は、かれらを阻止するどころか、便宜をはかっていたというのですから、当時の沖縄の世情は推して知るべしでした。

「行啓警備を手伝う者は沖縄県人に非ず」との雰囲気にのまれてオドオドしていた沖縄県警の機動隊は為す術もなく、那覇市内では二十五件の無届けの違法デモが荒れ狂ったのです。その様相は当時、特別警備態勢の幕僚団長として沖縄に派遣されていた警視庁警備課長佐々淳行氏が、事件後に氏の著書『菊の御紋章と火炎ビン』で総括して書き記しています。

皇太子殿下が密《ひそ》かに希望されていた沖縄県南部方面への行啓は、もちろん、海洋博覧会主催側の委員会からも、宮内庁からも大反対を受けていました。何が起こるか、お二人の安全に確信がもてなかったのでしょう。

それでも、沖縄県へのご出発前夜のこと、翌日に沖縄県で述べる予定の御言葉を仕上げるため召し出された外間《ほかま》守善氏(当時沖縄学研究所所長・法政大学教授)に、殿下は同意を求めたい風情でつぎのように訊《き》かれています。「戦没者鎮魂のため南部戦跡を訪ねたいのですが、外間さんはどう思いますか」と。騒然たる実情をご存じになってからも、「石ぐらい投げられてもよい。そうしたことに恐れず県民の中に入っていきたい」とまで側近にもらされていたのです。

外間氏はその夜、英語担当の学者と二人、東宮御所で深夜まで検討を重ねていました。そのとき、つぎのような会話があったことが、手記「琉歌四十首のノート」（『諸君！』平成二十年七月号）にリアルに書き記されています。

「帰り際に私が、『何が起こるかわかりませんから、ぜひご用心して下さい』と申し上げたところ、殿下は静かに『何が起きても、受けます』とおっしゃった。並々ならぬご決意が伝わってきた。」

そして、まるで占い師の予言のごとくに先の事件が起こったのです。そのことを外間氏は東京で知って「南部方面への行啓は賛成しない方がよかったのか」と気が動転しているところに、八木貞二東宮侍従（当時）からの電話を受けています。「外間さんが心配しているだろうから」という殿下の指示を受けての電話でした。細かいお心配りでした。何が起こったのか、外間氏の手記を転記しておきます。

殿下を庇おうとなさった妃殿下のお姿

「車が糸満の白銀堂にさしかかった時、白銀病院から爆竹のようなものが車列に向かって投げられた。幸い事なきを得たが、事はその後訪問した『ひめゆりの塔』で起こった。慰霊碑に献花をして両殿下が左側に二メートルほど移動した瞬間にガマ（洞窟）に潜んでいた犯人が火炎瓶を投げつけたのだ。火炎瓶は献花台にぶつかって破裂した。警護の人々が両殿下をかばったが、両殿下は前を向いたままだった。そして、警護の者に押されるような形で車に乗られたという。」

このとき我が身を犠牲にして殿下を庇《かば》おうとなさった妃殿下の咄嗟《とっさ》の行動が、美談として伝わっています。そして、その後の両殿下の決然たる、いや平然たるお態度と日程上寸分の変更もない爽やかなお姿が、県民の心を強く打ったのです。

その日の最終日程のくろしお会館（沖縄県遺族連合会会館）での行事には、予定になかった「ひめゆり同窓会」と「瑞泉同窓会」の人たちをもお招きになっています。昼間の事件の心労を慰められたのです。いつくしみの大御心、即ち「いたわり」と「おもいやり」のほどこしでした。そのうえで、外間氏も準備に携わったという「談話」（「御言葉」）をその席でお話しになったのです。

「私たちは沖縄の苦難の歴史を思い、沖縄戦における県民の傷跡を深く顧み、平和への願いを未来に繋ぎ、ともどもに力をあわせて努力していきたいと思います。」

と切り出されました。

「払われた多くの尊い犠牲は一時《いっとき》の行為や言葉によってあがなえるものではなく、ひとびとが長い年月をかけて、これを記憶し、一人ひとり、深い内省の中にあって、この地に心をよせ続けていくことをおいて考えられません。」

とおもいやって下さったのです。

涙して聞き入る遺族たちの様子も伝えられました。当時、遺族会役員であった現沖縄県護国神社の代表責任役員である座喜味和則氏は、その謦咳《けいがい》に浴して「万感胸に迫るもの」を感じたといいます。その真情を、平成二十年十二月十九日に東京都文京区の東京ドームシティ・JCBホール（当時）で行われた天皇陛下御即位二十年奉祝中央式典上で吐露されてもいます。その座喜味氏が会場に感銘を与えた様子は、小林よしのり氏の著書『ゴーマニズム宣言スペシャル・天皇論』でも紹介されるなど、御聖徳の光が進み行くところ闇が消えゆく姿は多方面から捉えられ紹介されています。先ほどの佐々淳行氏も、『菊の御紋章と火炎ビン――「ひめゆりの塔」「伊勢神宮」が燃えた「昭和50年」』に、つぎのように書いています。

「ヤマトンチュウに対し、天皇の戦争責任に対し、皇太子の訪沖に対し、モヤモヤしていた訳のわからない反感、拒否反応が、一発の火炎ビンでカラリと晴れ渡り、しかもこれが本土から渡航したヤマトンチュウ過激派による犯行だったらこうはいかなかったろうが、生粋のウチナンチュウである知念功が、『聖域ひめゆりの塔』を悪用して皇太子同妃両殿下を襲ったこと、そして皇太子が動ずることなく、『ひめゆり部隊』の生存者で、事件が起きたとき、『ひめゆりの塔』の歌碑の前で両殿下に説明をしていた、ひめゆり同窓会会長の源ゆき子さんの安否を真先に気づかわれたこと、体調不良なのに懸命に〝国母・皇后〟の代行をつとめ、人々に優しい態度で臨む美智子妃殿下への好感度と共に、人気は急上昇した。」

とにもかくにも両殿下の決然たる、そして平然たるお態度、しかも全日程をしたたる汗も拭おうともされずに真心こもった慰霊鎮魂の巡礼のお姿は、県民の心を晴れ渡らせていきます。佐々氏は、平たい言葉でつぎのように締めくくっています。

「こんなに人柄のいい皇太子同妃両殿下に火炎ビンをぶつけるなんてひどい。それも沖縄人がやった、悪いことをした、……という贖罪意識が、まさに災いを転じて福となすの諺どおり、沖縄県民の皇室に対する親近感を、怨讐を越えて一挙にたかめた模様だった。」

海洋博覧会は沖縄を学ぶ導火線

さて、その沖縄国際海洋博覧会に関して、殿下は同年暮れのお誕生日を前にしての記者会見で、つぎのような御言葉を下さっています。

「……成功不成功は、海洋博覧会を見た人の心の中にどうとどまるかが大事だと思います。復帰後間もない沖縄に初めて沢山の人が行き、沖縄の土を踏んだということに意味があるのです。復帰前に本土で育った人は沖縄に対する認識が不足で、私などもそうでした。」

と正直に言っておられます。そして、「沖縄への関心を持ったのは、毎夏訪れる『豆記者』の存在が大きかった。」とも述懐されています。豆記者というのは、沖縄と本土の中学校新聞部員による交歓会メンバーのことです。その豆記者とのご縁は、のちのち殿下と沖縄とのつながりを強める契機になっています。陛下は、皇太子時代の昭和三十八年に沖縄豆記者訪問団と対面されて以降、毎年欠かさずに交流を積み重ねてこられているのです。

「奄美へ行ったときも沖縄の歴史や文化についていろいろと聞きました。一人一人と接触、人間の交流によってお互いの理解を深めていくことが大事ではないだろうか。」

「沖縄には他の地域と違った歴史、文化があるのに、学校教育の中にはほとんどそれが入っていないことです。将来、学校教育の中に入れるべきだと思います。」

と配慮下さっています。そして、「気になるのは」と強調されて、

「沖縄の歴史は心の痛む歴史であり、日本人全体がそれを直視していくことが大事です。」

と。そして語をついで、「避けてはいけない。」とまでおっしゃったのです。

「琉球処分の時代から戦後の復帰まで、私たちはあまり学んできたとはいえない。海洋博覧会が沖縄を学ぶことの導火線になればと思います。これからも機会があれば何回も行きたい。」（昭和五十年十二月十六日、四十二歳のお誕生日を前に）

避けてはいけない。この御姿勢です。何事も真摯に受け止め「慈しみ」を以て解決していこうとの御聖徳は、じつにこの海洋博覧会が導火線となって、花火の輪がひろがるように沖縄の人々の心を和ませていきました。

「これから機会があれば何回も行きたい。」とのお気持ちが行幸啓五回、皇太子時代の行啓五回を含めて、じつに計十回のご来県となっているのです。

つぎに、毎回の日時をあげながら、その要点を素描してみることにしましょう。

第二章　十回のご来県を追って

一　皇太子としての五回の訪沖

「皇太子殿下万歳」の歓声と手拍子（第一回）

第一回は、さきほど述べた沖縄国際海洋博覧会の開会式ご臨席のためで、昭和五十年（一九七五年）七月十七日から十九日まででした。事件のあとも、炎天下の南部戦跡を誠心誠意、汗もおふきにならず、一カ所も疎《おろそ》かになさらず、直立不動の姿勢で説明をお聞きになり、拝礼は深々と御付の誰よりも丁寧になさいました。

その同じ日の午後四時に名護市の国立ハンセン病療養所「愛楽園」を訪問されています。予定の一時間を四十分もオーバーするほどに心を込めて見舞われています。目の見えない患者には手を差しのべ、指のない人とも躊躇《ちゆうちょ》しないでどんどん握手されています。沖縄御来着後、ここで初めて「皇太子殿下万歳」の声があがったといわれています。

お帰りのときは、療養者たちから地元の船出の歌「だんじよかれよし」の合唱と手拍子で送りだされています。翌年春、その情景を琉歌にお詠みになったつぎの二首が、愛楽園に届けられています。

だんじよかれよしの歌声の響　見送る笑顔　目にど残る

げにこそ目出度い歌声が響くなかを見送ってくれた笑顔が瞳に残って忘れられない

だんじよかれよしの歌や湧き上がたん　ゆうな咲きゆる島　肝に残て

げにこそ目出度い歌声がわき上がった。ユウナ（オオハマボウ）の咲いているあの島が心に残って忘れられない

琉歌に関してはあらためてふれることにしますが、つぎの二首もこの日のことを詠われたものです。

ふさかいゆる木草　めぐる戦跡　くり返し返し　思ひかけて

生い茂っている千草の間を巡ったことよ、戦いの跡にくり返し思いをはせながら

花よおしやげゆん　人知らぬ魂　戦ないらぬ世よ　肝に願て

花を捧げます、人知れぬ御霊に。戦いのない世を心から願って

これらの二首は殿下が初めて琉歌をおつくりになった記念すべきもので、帰京後すぐに外間守善氏に「琉歌になりますか」とお見せになられています。外間氏の指導のもと推敲もあったことでしょうが、これが侍従長を通じて当時の屋良朝苗知事に託されて沖縄県遺族

連合会の金城和信会長に届けられたのは翌年一月、海洋博覧会の閉会式御臨席のためにご来島された際のことでした。

それらの事情の生き証人の如き座喜味和則氏（前出）は、その歌を賜ったとき、「沖縄がはらった多くの犠牲に対するお気持ちと、その犠牲のお陰で今日の日本国の平和があるというお気持ちを非常に強くお持ちなのではないか。」という感想をもらされています。

伊江島に建つご来村記念碑と歌碑（第二回）

第二回は、海洋博覧会の閉会式ご臨席のための昭和五十一年（一九七六年）一月十七日からの二日間でした。鹿児島空港からお召し機を乗り換えられて、伊江島の臨時空港に着かれています。タラップを降りられたあとの両殿下の行動が、目撃者の口から伝わって語り継がれています。

お二人は滑走路に向かって静かにお辞儀をされ、しばらくは動かれませんでした。滑走路に埋められているであろう遺骨の御霊《みたま》を始め、戦没者に対して敬虔な祈りを捧げて下さったのです。

踵《きびす》を反《かえ》してただちに向かわれたのは、「芳魂之塔」でありました。あの激戦下、人口の二分の一にあたる約二千柱が祀られている慰霊塔です。この地には、かつて東洋一とも目された三本の滑走路を具えた重要軍事基地があって、米軍の猛爆撃を受けています。塔頭《たっちゅう》としてそびえ立つ城山《ぐすくやま》にも、姿が変わるほどの砲弾が降ったといいます。

爆撃に逃げ惑《まど》い、家族が倒れ込むのを遠目に一人逃げて生き残った当時十四歳の大城和子さんは、戦後、戦争孤児として苦労の連続の人生のなか、国家・皇室に憎しみをもちつづけていたといいます。しかし、この「芳魂之塔」に参拝される皇太子同妃両殿下のお姿に接したとき、思わず皇太子妃殿下に手をさしのべて握手をしてしまった。「なんと美しい！」という感動につきうごかされての行動でした。

「もう美しさに涙がポロポロ出てきたんですよ。何でなのかわからないですが……。それまでの戦争にまつわる『うらみ』が、パーと心から消える思いがしました」と、筆者の取材に応じて言われました。旭《あさひ》の前の霜露《しょうろ》のように、怨念の闇の塊《かたまり》も、桝《ます》の下に隠された光が顕われ出れば、かき消えてしまいます。両殿下のまぶしいばかりの美しい御聖徳は、こうして沖縄にそそがれ始めたのです。

この城山の中腹の展望台で休息をとられた皇太子殿下は、今はのどかな島の野原を一望されて、そのときのお気持ちを琉歌で詠われました。

広かゆる畑　立ちゆる城山　肝乃志のはらぬ　戦世乃事（歌碑のまま）

この御製について外間守善氏は、ある日のテレビ番組「春の皇室スペシャル'04」でこう言われていました。「いま目のまえに広がっている畑は、何事もなかったように穏やかな風情で、そして私のうしろにそびえている城山も何事もなかったかのようにそびえているけれども、この地にあんなひどい戦いがあったかと思うと耐えられない思いでおります、という意味に解釈できます。」と。

さらに「沖縄に対するお心配りがあるから、こういう深々とした琉歌の詠みとりがなされて文学的表現になっているのではないかと、私は思います。」と話されていました。

この歌碑は、展望台近くの「皇太子殿下皇太子妃殿下御来村記念碑」とともに、同年四月二十九日に有志の寄付で建立されています。村史には、「一孤島に両殿下お揃いでのご訪問は……全国でもない……村民こぞって歓迎申しあげた記念碑である。」とあります。

献血運動推進大会に（第三回）

第三回のご来島は、昭和五十八年（一九八三年）七月十二日。翌十三日に催された第十九回献血運動推進全国大会にご臨席のためのご来島でした。

あいにくの小雨のなか、那覇空港に降り立たれた皇太子同妃両殿下は、あたかも定められたコースかのように、まっ先に国立戦没者墓苑に向かわれました。空港付近の沿道では雨天のなか、数百人の県民が日の丸の小旗を手に奉迎しました。なかに「天皇陛下を沖縄県に奉迎しよう」と大書した横幕の旗を掲げる一団もありました。「天皇皇后両陛下沖縄県奉迎推進会」が、数年後に迫っている沖縄県が当番の国民体育大会への行幸啓を盛り上げようとしたものでした。

墓苑では、鄭重《ていちょう》な供花につづいて慰霊鎮魂のお祈りを賜り、特別奉迎者にお声をかけられて沖縄平和祈念堂に向かわれました。平和祈念像をご覧になられながら、この祈念堂の説明をお聞きになられました。

ついで豆記者「青友会」のメンバーと親しく懇談をもたれました。「ようこそ沖縄へ」との第十七次豆記者の代表挨拶を受け、「今年の夏には軽井沢で……」と、第二十三次豆記者の代表と笑顔を交わされています。

ご宿泊のハーバービューホテルでの昼食時には、学術・芸術・文化関係者にご歓談を賜っています。沖縄の文化に並々ならぬご関心をおもちの殿下ゆえ、話が弾んだ様子が写真記録から伺えますが、当事者や当局の記録資料は見あたりません。

このあと、両殿下は沖縄県赤十字血液センターのご視察に向かわれ、センターでは献血者一人ひとりにお声をかけられてねぎらわれています。献血運動推進の率先垂範をお示しになったのです。翌日の那覇市民会館での第十九回献血運動推進全国大会でも、献血体験発表者にはことのほか懇《ねんご》ろに励ましの御言葉をかけられました。この会場で賜った皇太子殿下からの御言葉（全文）はつぎのとおりです。

「全国各地から参加された皆さんと共に、沖縄県において開催される第十九回献血運動推進全国大会に臨むことを、誠に喜ばしく思います。

我が国の献血運動は順調な発展を遂げ、昨年の献血者数は一昨年を上回り、対人口比の献血率では六パーセントを超えました。また、ここ沖縄県では昨年は一昨年より著しい発展を見せ、献血率では全国平均を大きく上回り、七パーセントに近づきつつあります。このような献血率の向上は誠に心強いことであり、その陰には本日表彰を受けた方々を始め、献血運動を推進してこられた関係者のたゆみない努力があったと思います。ここに関係者に対し心から敬意と感謝の意を表したいと思います。

献血は一人でも多くの人の生命を助けたいという献血者の生命尊重の気持ちか

ら発するものであります。『ぬちどうたから』、命こそ宝と琉歌の一節に歌われているように、命はかけがえのないものであります。献血によって救われる多くの命のことに思いを致し、献血運動が一層進められていくことを願っております。

この大会を契機として献血思想が一層普及することを祈り、大会に寄せる言葉といたします。」

海邦国体で昭和天皇の懇ろな御言葉を代読（第四回）

第四回は、昭和六十二年（一九八七年）十月二十五日からの海邦国体秋季大会にご臨席のためのご来島でした。昭和天皇が御不例中のため、御名代としてのご来県でした。十月二十四日午後四時、国立沖縄戦没者墓苑を御拝礼。献花には「天皇・皇后両陛下」と書かれていました。四時半、沖縄平和祈念堂をご観覧になり、県役員関係者に御会釈。このとき、昭和天皇からの懇《ねんご》ろな御言葉が、皇太子殿下によって読み上げられました。

「先の大戦で戦場となった沖縄が、島々の姿をも変える甚大な被害を蒙《こうむ》り、一般住民を含む数多《あまた》の尊い犠牲者を出したことに加え、戦後も長らく多大の苦労を余儀なくされてきたことを思うとき、深い悲しみと痛みを覚えます。

ここに、改めて、戦陣に散り、戦禍にたおれた数多くの人々やその遺族に対し、哀悼の意を表するとともに、戦後の復興に尽力した人々の苦労を心からねぎらいたいと思います。

終戦以来すでに四十二年の歳月を数え、今日この地で親しく沖縄の現状と県民の姿に接することを念願していましたが、思わぬ病のため今回沖縄訪問を断念しなければならなくなったことは、誠に残念でなりません。健康が回復したら、できるだけ早い機会に訪問したいと思います。

皆には、どうか今後とも相協力して、平和で幸せな社会をつくり上げるため、更に努力してくれることを切に希望します。」

との大御心をいただいています。

これを聞いて西銘《にしめ》順治県知事（当時）は、「御言葉に接し、感動胸にせまるものがあります。これで、ようやく沖縄の戦後は終わりを告げたと思う。」との談話を発表しています。

大御心に動かされるように、政府も別予算を組んで南部戦跡の戦死者遺骨収集作業などを行い、警備面でもひめゆりの塔事件を教訓として多数の警官を増派するなど、警戒態勢も本土色が目立ちました。そのために、作り話のような面白い実話が残されています。閑話休題、挿入してみましょう。

ヤマトから来た警官が車両尋問するなか、誰何《すいか》された「運天」姓の沖縄県民が「うんてんです」と答えると、バカにされたと思って怒った警官は、隣の助手席の女性にもつづいて尋問しました。すると、その人は「恩納」姓なる婦人。「おんなです」と言ったものだから、ヤマトから来た警官はからかわれたと、ますます怒り心頭に発し、二人を拘引《こういん》したというのです。これは実話です。

翌二十五日は、沖縄県総合運動公園陸上競技場（沖縄市）での第四十二回国民体育大会秋季大会開会式。ここでも、昭和天皇の御言葉が皇太子殿下明仁親王によって代読されました。これも貴重な記録なので、全文を転載しておきましょう。

「第四二回国民体育大会秋季大会に際し、親しく諸君と共に開会式に臨むことを期していましたが、思わぬ病のため断念しなければならなくなったことを大変残念に思います。

本年、全国一巡を成し遂げるこの大会が、先の大戦による多大の辛苦を克服して、今日の隆盛を迎えたこの沖縄の地で開催されたことは、誠に喜びに堪《た》えません。

国民体育大会が、長年にわたり、我が国の体育の振興と国民の健全な心身の育成に大きな貢献をしてきたことは、深く多とするところであります。

選手諸君は、この『海邦国体』において、日頃鍛えた実力を充分発揮するとともに、今後も更に精進を重ね、地元県民の諸君と相携えて明るく豊かな社会の建設に寄与するよう、切に希望します。」

全国身体障害者スポーツ大会に（第五回）

第五回のご来県は、同じ昭和六十二年（一九八七年）十一月十四日。同じく沖縄市にある沖縄県総合運動公園陸上競技場で行われた第二十三回全国身体障害者スポーツ大会の開会式へのご臨席のためでした。このときも、まっ先に戦没者墓苑と平和祈念堂に行かれています。

この年は、国際連合の定めた「障害者の十年」の中間年で、沖縄が本土復帰して十五年という記念すべき年でした。第一回大会は、これより二十二年前、岐阜県で行われています。当初は、主として障害の治療の面から考えられた大会であったようですが、皇太子殿下のご挨拶では、少し違う面を強調されています。

「この大会は身体障害者がスポーツを楽しむ契機になるとともに、身体障害者をも含む多くの人々が、身体障害者のスポーツに対する理解を深めることに大きな意義が見い出されるように思います。」

今日のパラリンピックが世界的な盛況をもよおすことを予告されたかのような御言葉ではないでしょうか。しかも、このご挨拶のなかでつぎのようにもおっしゃって下さっています。

「先の戦争ではこの島で数知れぬ多くの人々が亡くなりました。この度、海を越えて沖縄県に来られた選手、役員の皆さんには、県民の苦難の歴史を心に刻み、県民との心の交流を通して、沖縄県への理解を深められるよう念じております。」

殿下の一貫した沖縄県に対する熱い思いが、ここにも表明されています。この大会の愛称は「かりゆし大会」、スローガンは「翔べフェニックス　紺碧の空に」でした。その言葉にちなんで、ご挨拶をつぎのように結ばれました。

「廃墟の中から立ち上がり、様々な困難を克服して進んでいく沖縄県民に幸多きことを祈るとともに、かりゆし大会が身体障害者への理解をはぐくみ、実り多き大会となることを期待し、大会に寄せる言葉といたします。」

なんとも熱きエールというべきではないでしょうか。

二　最初の沖縄行幸天皇として

天皇陛下として全国植樹祭にご来島（第六回）

平成五年（一九九三年）四月二十三日、皇太子時代から数えて第六回のご来島でした。沖縄県は、史上初めて天皇陛下をお迎えしたのです。第四十四回全国植樹祭にあわせてご来島になり、二十六日まで滞在されました。二十三日には、いつものように沖縄県営平和祈念公園内にある国立沖縄戦没者墓苑に向かわれましたが、後述するように沖縄が置かれた複雑な立場を露呈する訪問となりました。なお、第六回のご来島については、六十二頁以下でも論述しています。

二十四日は午前中に県庁をご訪問。大田昌秀知事（当時）から県政説明を受けられました。正午前、名護中央公民館に。午後、県立名護厚生園などをご視察。夜は午後六時半からハーバービューホテルで政財界、植樹祭関係者三百名の県要人たちの出席のもと、両陛下を歓迎する懇親会が催されました。

翌二十五日午前十時十分から、沖縄戦で焦土と化した糸満市の米須《こめす》・山城《やまぐすく》地域で第四十四回全国植樹祭は開催されました。全国一巡の最後を飾る今回のテーマは「育てよう

地球の緑　豊かな緑」でした。県外招待の二千五百人を含む一万人の参加者が冒頭に戦没者を追悼する黙禱を捧げました。ついで主催者を代表して国土緑化推進機構の櫻内義雄衆議院議長（当時）と大田知事が挨拶。記念切手贈呈や「植樹祭の詩」の朗読、国土緑化功労者の表彰などののち天皇陛下から御言葉が述べられました。

そのあと天皇陛下がリュウキュウマツを、皇后陛下はフクギを植えられ、それぞれイヌマキとヒカンザクラ（カンヒザクラ＝寒緋桜）の種も播かれました。

天皇陛下の御言葉は、このたびの植樹祭が沖縄の復帰二十周年記念事業として位置付けられていることをふまえて、戦争により焦土と化したこの地域において行われることの意義を強調されるものでした。歴史を振り返られ、沖縄県の島々では豊かな森林が珍しい生き物をも守ってきたことにふれられ、これはひとえに二百五十年昔の琉球王国の政治家蔡温《さいおん》（一六八二～一七六二）の業績で、保護、造林などで人々が森林を大切にする心を持ちつづけてきたからであると讃えられました。蔡温の大和名は具志頭《ぐしちゃん》親方《うぇーかた》文若《ぶんじゃく》。親方は琉球王国の称号で、士族が賜ることのできる最高の称号でした。三司官に任ぜられ、河川工事や山林の保護に尽心し、琉球の農業の発展に貢献したことで知られています。

「残念なことに、先の大戦でこの森林が大きく破壊されました。多くの尊い命が失われたこの糸満市では、森林が戦火によってほとんど消え去りました。」
と戦禍に同情をお示し下さり、そのうえで、

「戦後県民の努力により森林を守り育てるさまざまの運動が進められていることを誠に心強く感じております。」

と励まして下さいました。糸満市米須・山城の沖縄戦跡国定公園で青空のもと一万に及ぶ参列者が感動の万雷の拍手でお応えしました。そして世界十三の参加国からの苗木の贈呈儀式、古典音楽や吹奏楽の演奏で盛り上がったのです。

このあと両陛下は長路をかけて沖縄市比屋根《ひやごん》にある沖縄小児発達センターをお訪ねになり、障害児医療福祉を視察され、療養中の子どもたちを励まされました。

当時の報道記事を転載して冒頭の当日の様子を改めて記録しておきます。

「天皇皇后両陛下は糸満市米須・山城で開かれる第四十四回全国植樹祭への出席のため二十三日午後零時半すぎ、羽田発の特別機で那覇空港に到着された。（中略）歴代天皇としては初めての来県。本県は昭和天皇が『戦後巡幸』できなかった唯一の県で、初来県は沖縄の歴史に一つの節目を記した。両陛下は二十六日までの四日間滞在され、南部戦跡や中北部の福祉施設を視察する。」（「琉球新報」二十三日付け朝刊）

「……大田昌秀県知事らが緊張した表情でタラップ近くで出迎えた。国際ターミナルビル前には『奉迎する県民の会』を中心に多数の県民が日の丸の小旗を振って来県を歓迎した。両陛下はＶＩＰ待合室で大田県知事らの歓迎の挨拶を受けたあと、南部戦跡に出発した。ターミナルビル前では立ち止まって、歓迎する県民に手を振ってこたえられた。この日空港周辺は厳戒体制で交通規制も行われ空港への道路は渋滞した。」（琉球新報二十三日付夕刊）

「二十六日午前、昨年十一月に復元された那覇市内の首里城を視察し、午後三時過ぎ那覇空港から帰京された。同日午前十時過ぎ首里城に到着した両陛下は（中略）奉神門から御庭《ウナー》に入り、（中略）南殿、番所、琉球王朝ゆかりの展示室、正殿二階の金色の龍柱のある御差床《ウサスカ》を熱心にご覧になった。」（「琉球新報」二十六日付け夕刊）

慰霊の旅そして旅上の黙禱（第七回）

第七回は、終戦五十年を迎えた平成七年（一九九五年）八月二日のことでした。陛下は皇太子時代から「日本人として記憶しなければならない四つの日」をあげられ、その日はどこに居られても、当地の式祭典の時間にあわせて黙禱を捧げておられます。その四つの日とは、沖縄戦終結の日の六月二十三日、広島・長崎原爆投下の日の八月六日と九日、終戦記念日の八月十五日です。平成七年が終戦五十年目にあたるため、まずその四つの日に因む土地への慰霊の旅につかれました。七月に長崎・広島を終えられ、八月には沖縄を巡礼されています。

このときも、両陛下は那覇の空港からまっ先に国立沖縄戦没者墓苑に向かわれて供花を献《ささ》げられています。そのあと、平和祈念公園の「平和の礎《いしじ》」をご覧になっています。

この「礎」には、沖縄県出身の兵士のみならず、全国都道府県から出兵して戦死した兵士、そして戦陣に巻き込まれ戦闘協力者ともみなされた無辜《むこ》の県民たち、さらに米国、台湾、韓国、朝鮮の人々も含めて計二十三万余の沖縄戦犠牲者の名前が一人ひとり国別、都道府県別に克明に刻まれています。

陛下は、当時知事だった案内役の大田昌秀氏に「非常にいいことをされましたね。外国の犠牲者の方の名前を刻んだ慰霊碑はほかにないでしょうね。」と、ねぎらいの御言葉をかけて下さったそうです。そのとき、陛下は御製に、

沖縄のいくさに失せし人の名をあまねく刻み碑は並み立てり

と詠まれ、皇后さまは、

クファーデーサーの苗木添ひ立つ幾千の礎《いしじ》は重く死者の名を負ふ

とお詠み下さいました。クファーデーサーの和名はモモタマナ。大きな葉が茂り、枝が横に拡がり夏場は涼しい木陰をつくります。

先にふれた四つの日には、両陛下はそれぞれに慰霊祭の行われる時刻にあわせて毎年黙禱をしておられることが、渡邉允宮内庁侍従職御用掛(当時)によって伝えられています。

かつて平成六年六月に両陛下ご訪米の砌《みぎり》、サンフランシスコ市長主催の晩餐会の直前、その日が沖縄県全戦没者慰霊の日(六月二十三日・沖縄戦終結の日)であったために、天皇皇后両陛下はホテルのお部屋の中で黙禱を捧げて下さったとのことです。海外においても、このように大御心は沖縄に向けられているのです。

このときのことを渡邉允氏は、『天皇家の執事』でつぎのようにふれています(二六四頁)。

「六月二十三日の沖縄慰霊の日にはサンフランシスコに滞在されることになりました。沖縄の平和祈念公園では、毎年その日、沖縄戦没者追悼式が行われ、式典の行われている正午には黙祷が捧げられます。陛下はその時間がサンフランシスコの時間で何時にあたるかを調べてほしいとおっしゃいました。調べてみると、夕方サンフランシスコ市長が主催する晩餐会の始まる時間にあたっていました。そのことをご報告すると、陛下は、それでは晩餐会の始まる時間を少し遅らせてもらえないだろうかとおっしゃって、先方は快くその通りにしてくれました。当日は晩餐会に出かけられる前に、両陛下で、ホテルの部屋で黙祷をなさっていました。」

なんと周到なお心配りではないですか。この事実がはたして沖縄県民に知らされているのでしょうか。

「国立劇場おきなわ」の柿落としに（第八回）

第八回は平成十六年（二〇〇四年）一月二十三日。浦添市に建設された「国立劇場おきなわ」の落慶記念の柿落《こけら》としにご臨席され、琉球伝統舞踊をご鑑賞になられました。第八回のご来島は、はからったわけでもないのに全国の行幸を一巡終えられた平成十五年の翌年でした。沖縄県が二巡目のトップになりました。これも大御心の自ずからなる畏《かしこ》き一事といえましょう。というのは、このときのご来島のお目当ては、「国立劇場おきなわ」の柿落としの組踊「執心鐘入《しゅうしんかねいり》」をご鑑賞されることでした。もちろん、個人的趣味によるものではありません。陛下が沖縄の伝統芸能興隆に寄せられるご熱意が、まさにこの国立劇場の設立を東京、大阪についで三番目に実現させた原動力であることは周知のことです。

平成五年にご来島の砌《みぎり》「文化財が戦争で失われた沖縄に伝統の組踊を演じる場があれば」とお話しになられたことがありました。さらに国立劇場完成後、この柿落としにどなたをご差遣《さけん》するかを伺ったところ侍従に、「それは私が参ります」とご即答を頂いた由、つとに沖縄にはもれ伝わっていました。陛下の〝肝いり〟の国立劇場ともいうべきでしょう。

平成十六年一月二十三日午後三時過ぎ、那覇空港にお着きになられた両陛下は、空港周辺で「天皇、皇后両陛下、ようこそ沖縄県へ」などの横断幕や日の丸の小旗で歓呼のお出迎えの数百人の県民に、懇《ねんご》ろな応答の会釈の手を振られながら、一路南部の摩文仁の丘に向かわれました。平和祈念堂に立ち寄られたのち、国立沖縄戦没者墓苑で白い菊の花束の供花とともに慰霊の黙祷を捧げられました。

お迎えに出ていた沖縄県遺族会連合会会長の座喜味和則氏ほか、遺族代表十八名に懇ろなお声掛けを頂きました。座喜味会長は「陛下から『遺族の方々も高齢になり、会長も大変でしょうが頑張ってください』との温かい御言葉に、また一人ひとりにお声掛け下さったことに、両陛下に御礼申し上げました」と述懐しています。

その夜、開演時間前にご入場されて二階特別席にお着きの両陛下に、一階観覧席の県民は総立ちで拍手とともに手を振ってお迎えしていました。主演目の組踊「執心鐘入」は、能や歌舞伎の「道成寺《どうじょうじ》」と同じ起源をもち、首里城では一七一九年の上演記録があるといわれている伝統芸能の最たるものです。庶民に親しまれている「四つ竹」のほか、伊江島に伝承されている村踊りも演じられました。この演目編成には陛下のつぎの御言葉を受けた県側の配慮があったと憶測されます。

「沖縄島や伊江島で軍人以外の多数の県民を巻き込んだ誠に無惨な戦闘が繰り広げられました。」、「このような苦難の道を歩み、日本への復帰を願った沖縄県民の気持ちを日本人全体が決して忘れてはならないと思います。」(御即位十年に際しての御言葉、平成十一年)

そして〝肝いり〟の真相については、

「私が沖縄の歴史と文化に関心を寄せているのも、復帰にあたって沖縄の歴史と文化を理解し、県民と共有することが県民を迎える私達の務めだと思ったからです。」(同上)

と仰せのことを私どもは肝に銘じなければなりません。

この大御心を知らされた某沖縄青年は「日頃の惰性的な生活に心の芯を入れられた思いを

した」という感想をもらしていました。国立劇場おきなわで鑑賞を堪能なさった両陛下は劇場通路でお見送りに並んでいる出演者たちの前にこられたとき、一人の踊り子にお声を掛けられました。

陛　下「今日の踊り、大変ありがとう。何歳の頃から琉舞を習っていますか？」
踊り子「五歳の頃から習っています。」
陛　下「国立劇場の初の舞台をどのような気持ちで踊りましたか？」
踊り子「両陛下の前で踊らせて頂けたことは夢のようで、神様に感謝し沖縄の伝統芸能に感動して頂けるよう一生懸命踊りました。」

これは当時を思い起こしてもらった本人取材による構成ですが、お側にお立ちだった皇后陛下からも「これからも沖縄のすばらしい伝統芸能を担って伝承するよう頑張って下さい。」との御言葉を頂いています。本人は当時芸術大学の学生でしたが、その大御心にお応えすべく精進努力の結果、いまや道扇流道扇会師範として斯界で活躍中です。

このときのことを陛下は、

国立劇場沖縄に開き　執心鐘入　見ちやるうれしや

と、琉歌で御製を下さいました。さっそく沖縄県は「天皇皇后両陛下の開場記念公演御臨席は国立劇場おきなわ及び沖縄芸能界にとって歴史に残る出来事であり行幸啓を記念し後世に語り継ぐために御製碑を建立する」（公文書）として、玄関正面の野外芸能空間の左側に、沖縄県石垣市出身の書家、茅原《ちはら》南龍師の揮毫《きごう》による歌碑を建立し、三月十七日除幕式が稲嶺惠一知事（当時）以下、関係者の列席のもと厳粛盛大に執り行われました。

さて、ご来県第二日の一月二十四日、両陛下は午前中、知的障害者のための社会就労センター「わかたけ」（浦添市）を訪れられました。そして午後、特別機で初めて宮古島入りされました。陛下は常づね、離島や遠隔地の人たちを訪ねたいというお気持ちを強くもっておられ、侍従をとおして「今回初めて宮古島、石垣島を訪ねることを楽しみにしています」との御言葉が伝わったため、両島とも多くの人が沿道に詰めかけ、沸きかえりました。

ちなみに今回のご来県にあたって八万七千四百四十人が出迎えたという公記録が残っています。稲嶺知事がこれに関して、「これまで県民の皇室への感情は微妙なものがあったが、真心で接してこられたのを県民が実感してきたからだと思う。」という何とも瞑《めい》し難きコメントを発しています。

その宮古島、石垣島における行幸啓の行程は、つぎのようでした。

一月二十五日（宮古島）午前、ティダファームたらま（城辺町《ぐすくべ》）をご視察、午後、国立療養所宮古南静園（平良町）をご訪問。

一月二十六日（石垣島）午前、沖縄県水産試験場八重島支場（当時）をご視察。

「第三十二回全国豊かな海づくり大会」に（第九回）

さて、第九回のご来島は、平成二十四年（二〇一二年）十一月十八日に糸満市で行われた「第三十二回全国豊かな海づくり大会（美ら海おきなわ大会）」に両陛下お揃いでご臨席のときでした。十七日から二十日までの間、沖縄県を行幸啓されました。

このときも両陛下はご到着後まず糸満市の国立沖縄戦没者墓苑にて献花を捧げ英霊をお慰めになられましたと、一般には知らされていました。じつは、このたびは墓苑にご到着直前に平和祈念堂に立ち寄られました。表向きはご休憩のためとなっていますが、大変重大なことが行われました。地元二大新聞では事後報告的に冷ややかな小さな記事扱いになっていましたから、知る人ぞ知るにとどまりました。

「白梅之塔」生存者とご面談

その平和祈念堂では、かつての県立第二高等女学校出身者がつくる「白梅同窓会」の中山きく会長ら三人が両陛下をお出迎えしました。沖縄師範学校女子部と県立第一高等女学校の女子生徒が編成した女子学徒部隊の悲話は、「ひめゆりの塔」で知られています。じつは、同じように県立第二高等女学校女子生徒によって戦時中に編成された白梅学徒看護隊もありました。三人はこの隊員として、野戦病院で決死の覚悟で傷病兵を看護して不惜身命《ふしゃくしんみょう》の貢献を果たして下さって生き残られた方々です。自決者や教職員を含む犠牲者は糸満市の「白梅之塔」に祀られています。

両陛下は、中山会長らが戦争体験を伝える活動をしているという話に聞き入られて、「大切なことですよね」と懇ろなお言葉をかけて下さり、中山さんらに「白梅之塔に」と、白菊の花束を下賜されました。十分という短い〝休憩時間〟にせかされてお発ちになる際に「白梅之塔」がどの方角にあるのか皇后陛下から御下問があり、お答えした方角に向かってお二人揃って深々と遙拝して下さったそうです。中山さんは「胸がいっぱいになりました」と語り、いただいた花束を後刻白梅の塔に捧げ、亡くなった仲間や関係者たちに報告したのち、「両陛下の気持ちを伝えられたと思う。」と語ったそうです。

なお、両陛下と白梅学徒看護隊生存者とのご面談は、「白梅之塔」への行幸啓ご参拝を切望し、その実現のために五年越しの努力をつづけられた青山繁治氏によって報われた変形的な成果でした。妥協を強いられつつも、この結果に至った経緯は、平成二十四年十一月二十一日放送の関西テレビ「FNNスーパーニュースアンカー」の「青山のニュースDEズバリ」のコーナーで、秘話を含めて明かされました。

つづいて国立沖縄戦没者墓苑では、会長就任後初めての沖縄県遺族連合会会長の照屋苗子さんほかの関係者がお迎えしました。照屋さんがお会いするのは三回目だったため、皇后さまから「草の苗の苗子さんね。覚えています。」と親しくお言葉を、天皇陛下からは「遺族も高齢化していますから、よろしくお願いします。」と懇ろなご挨拶をいただきました。照屋さんは「肉親を亡くした悲しみは一生癒えない。でも、両陛下が沖縄に心をそそいで下さるお言葉は無上の励みになります。」と感慨一入《ひとしお》。

ご滞在中は障害者施設や恩納村にある沖縄科学技術大学院大学などをご視察、親謁《しんえつ》されました。さらに、恩納村の景勝地、万座毛《まんざもう》もご覧になられ、最終日には沖縄本島から西に百キロ離れた久米島へも、初めて訪問されました。

久米島では沖縄県海洋深層水研究所や「久米島紬《くめじまつむぎ》」を興味ぶかそうに熱心にご視察になられました。両陛下がご移動の沿道にはいつになく多くの県民が奉迎に集まりました。関係筋の調べでは四日間で延べ四万一千人がお出迎えしています。これには後日のお誕生日のご会見で陛下から、「多くの沖縄の人々に迎えられたことも心に残ることでした。」と御言葉を賜っているほどです。

七千人による「奉迎提灯大パレード」

マスコミ報道からはいっさい無視され、取り上げられなかったのですが、十八日の夕刻からは〝天皇陛下奉迎沖縄県実行委員会〟の主催による「奉迎提灯大パレード」が行われ、提灯を片手に「天皇陛下万歳」、「天皇陛下ありがとうございます」を連呼しながら、那覇市の国際通りから沖縄県護国神社がある奥武山《おうのやま》公園までのパレードがくりひろげられました。

当初準備していた五千個の提灯は瞬く間に無くなり、予想をはるかに上回る七千名もの県民が行列行進に参加しました。両陛下がご宿泊のホテルが見える奥武山公園に到着すると、窓から両陛下の御答礼を賜りました。参加者の歓喜の声も一段と高まり、七千名の国歌斉唱につづき「天皇陛下万歳」となり、御答礼は約五分間もつづきました。その後、両陛下から「皆様の提灯とてもきれいでした。どうもありがとう。」との御言葉を賜りました。前日は雨模様で心配された天気も晴天に恵まれて、この上なき奉迎となりました。

天皇陛下は、このたびの沖縄ご訪問の思い出を三首の御製に托されました。そのうちの一首は平成二十五年の歌会始にて詠まれました。琉歌も一首詠まれました。地方行幸で三首詠まれることは珍しいことです。沖縄を想われる大御心の深さを感じ入らざるをえません。

御製

沖縄訪問に因みて

弾を避けあだんの陰に隠れしとふ戦の日々思ひ島の道行く

第三十二回全国豊かな海づくり大会に臨みて

ちゅら海よ願て糸満の海に　みーばいとたまん　小魚放ち（琉歌）

美しい（ちゅら）海を念願しつつ、糸満の海にミーバイ（ハタ類）とタマン（ハマフエフキ）の稚魚を放流しました

歌会始お題「立」に寄せて

万座毛に昔をしのび巡り行けば彼方恩納岳さやに立ちたり

ヤマトでも名だたる詩吟の沖縄玉岳風会会長の玉城正範氏は、美ら海おきなわ大会に因んで陛下が琉歌を、そして歌会始で「彼方《あがた》恩納岳」をお詠み下さったことに関していたく感動をもよおし、つぎのように述べておられます。少し長くなりますが、琉歌に関する肝要な事項にも触れておられるので、そのまま転載させていただきます。

「万座毛」の御製を拝して

玉城正範（沖縄玉岳風会会長）

万座毛に昔をしのび巡り行けば　彼方恩納岳　さやに立ちたり

天皇陛下が一月十六日に「歌会始の儀」で「立」のお題でお詠みになった御製であります。琉歌に造詣が深い天皇陛下が、沖縄に思いをはせて恩納岳をお詠みになったこの御製は、沖縄県民にとりまして、誰しも感動を覚えるものであります。

琉歌は、八・八・八・六の四句三十音の定型がほとんどであり、現在も作詩され、三味線にのせて愛唱されております。

十八世紀初めの頃、恩納岳を詠んだ琉球第一の女流歌人「恩納なべ《ナビー》」は大胆率直に天地万物に呼びかける歌が多いので万葉調ともいわれ、他に恋情や禁止令への反抗を歌った歌もありますが、その代表的な歌につぎのものがあります。

恩納岳あがた里が生まれ島　もりもおしのけて　こがたなさな

恩納岳の彼方には、私の恋人の生まれた村がある。邪魔なあの山を押しのけて、こちらに引き寄せたいものだ

彼方を「あがた」と詠むのは沖縄の方言であり、「恩納岳彼方」というだけで深い思いが込み上げます。更に恩納なべが万座毛で詠んだつぎの歌があります。

波の声もとまれ風の声もとまれ　首里天がなし　美御機拝《みうんちうが》ま

波の声も止まれ、風の音も止まれ、みなともに首里国王様の拝顔を賜りましょう

雄大な自然を背景に、豪快にして壮観な趣《おもむき》のある万座毛は、沖縄本島北部の名護湾に突き出た岬にある国定公園で、「恩納なべの歌碑」が建つ名勝地であります。

この地にお立ちになった天皇陛下は、日本の栄光と不幸な出来事の渦中にある今、彼方の恩納岳に向かい、束の間の清らかなひとときを過ごされました。その情景を思い浮かべると、感慨無量であります。天皇陛下の沖縄県民に寄せられる深い関心は、洵《まこと》に有り難くも畏れ多い事であります。（出典『祖国と青年』平成二十五年三月号三二頁）

両陛下をお迎えした恩納村民の心

ヤマトから奉迎取材に駆けつけていた評論家の小川洋次郎氏が、奉迎ポイントで出くわした地元恩納村の人々の並々ならぬ奉迎熱気を同じく『祖国と青年』誌上で伝えてくれました。万座毛のある恩納村は琉歌の里といわれています。十八世紀に琉歌の二大女流歌人の一人として活躍した「恩納ナビー」の生誕の地であるからです。小川氏が取材された恩納村在住の琉球舞踊師範でもある女性が「今の恩納村のみんなの気持ちはあの琉歌と同じです」

と指さされた先の観光売店の軒先には、先の玉城氏の紹介にもあった琉歌、

波の声もとまれ風の声もとまれ　首里天がなし　美御機拝ま

が大書され掲げられていました。

「この歌は昔、尚敬王（一七〇〇～一七五二年）が恩納村に立ち寄られたときに、王様のお顔を一目拝見しようと大勢の村人たちが集まり賑わっている光景を見たナビーが詠ったものです。『せっかく王様がいらっしゃるのに、断崖絶壁の地は風の音も波の音もうるさく、集まってきた人々の騒々しい声で台無し。風も波も静まって、みんなも心を静めてお見えになった国王様を恭《うやうや》しく拝みなさい』という意味の歌です。時代は違うけれど、今日こんな晴天の日に、琉歌と同じような気持ちで天皇皇后両陛下をお迎えできて、大変うれしく思います。」と話してくれたそうです。

この尚敬王を迎えていた民が座る様子をご覧になった王が、「万人を座するに足る草原と賞賛された」ことが「万座毛」の名の由来といわれています。「毛」は草原のことです。

天皇皇后両陛下は八年前の第八回のご来県のときも、この万座毛にお立ち寄りのご予定でした。しかし、離島への行幸啓の日程都合で実現ならず、地元県民にとっては八年越し

の待ちに待った奉迎でした。陛下には、こうした歴史的背景や県民庶民の心の盛り上がりなどをご存じの如くに、寄り添われる皇后陛下とむつまじく万座毛の草原を、悠然と潮風に吹かれて、散策の安らぎの時間をお持ちいただくことができました。束の間のことではいえ忝《かたじけ》なくも尊きお二方の聖姿を拝することができた恩納村民を始め県民の感動は一入《ひとしお》でありましたことでしょう。

学童疎開船「対馬丸」沈没から七十年目の慰霊（第十回）

両陛下九度目の沖縄県ご訪問の「奉迎提灯大パレード」の興奮醒めやらぬ翌平成二十五年（二〇一三年）六月二十六、二十七の両日、重ねて慰霊巡礼なる十度目の行幸啓を仰ぎました。

両陛下が降り立たれた沖縄は、梅雨明けの紺碧の空でお迎えしました。ご到着後は恒例によってまず南部戦跡のご参拝に向かわれました。このたびのご来県は、とりわけて「対馬丸《つしままる》」沈没から七十年目の慰霊のための行幸啓ということで、じっくりと対馬丸の慰霊碑である「小桜の塔」（那覇市）へのご参拝、つづいて対馬丸記念館をご訪問なさいました。

対馬丸記念館で両陛下のご案内役をされた同記念館の常務理事である外間《ほかま》邦子女史が、沖縄県護国神社での「みたま祭り並びに天皇皇后両陛下幣饌《へいせん》料御下賜《かし》奉告祭」（八月十五日）

斎行後の報告会のなかで、そのときの両陛下のご様子などを含めて対馬丸の事ごとを語っておられます。

　女史ご本人は疎開当時未就学児であったため家に残されましたが、国民学校に通っていた姉の美津子さん（当時十歳）と悦子さん（当時九歳）の二人を、この疎開船であった対馬丸被撃沈没で失われたのです。そのお二人の痛々しい小さな二つのランドセルが、対馬丸記念館の入り口に展示されています。

　悲しくも同じように妹二人を失われた著名な外間守善氏と外間女史とは門中《ムンチュー》親族ながら、女史はまだこのご案内役や講話のときには、皇太子・妃両殿下（当時）と外間守善氏とのお出遭い関係をご存じなかったようです（一〇二頁参照）。門中というのは始祖を同じくすると考える父系の血縁集団のことです。

　しかし縁《えにし》深き外間女史をさらに縁を深められるように、余人及ばぬ絶妙なご案内役を果たされていらっしゃるのです。このたび両陛下が小桜の塔をピンポイントでご訪問下さった行幸啓の意義の深さを、巧まずして遺漏なく語り尽くされて余りあるほどと思われます。掲載誌『うむい』（沖縄県護国神社社報）編集部と女史本人の快諾を得てここに転載紹介させていただきます。

二度と未来を奪われる子どもを出さないように

外間　邦子　（対馬丸記念館常務理事・英霊にこたえる会沖縄県本部監事）

「対馬丸」撃沈事件の証言

初めに、学童疎開船対馬丸について少しご説明させて頂きたいと思います。昭和十六年十二月八日に、日本軍がハワイの真珠湾にあるアメリカ海軍の基地を攻撃し大東亜戦争が始まりました。日本軍は、初め優勢に勝ち進んでいましたが、開戦から半年後には敗戦を重ねるようになりました。昭和十八年になりますと、兵力不足を補うため、学徒出陣によって旧制中学生や大学生も戦場にかり出されるようになって参ります。

そして昭和十九年七月七日、アメリカ軍が日本領土へ攻め込むのを防ぐ砦として、とても重要な沖縄に近いサイパンがついに占領されてしまいます。サイパンにいた沖縄の人も六千人が犠牲になったといわれております。サイパンが占領され日本政府は、「つぎは沖縄だ」と判断し、兵力にならない民間人を県外へ疎開させることを急ぎ、軍の要請で十万人の年寄りや子ども、女性を沖縄から九州、台湾へ疎開させるよう指示を出しました。

そこから、多数の兵士が沖縄に移駐して来るわけですが、食糧の問題もありますが、第一に兵舎が必要でした。すぐに兵舎をつくるわけにいかないので、小学校の校舎が急遽兵舎として使用されました。こうして学童疎開が始まっていきました。

しかし、子どもたちの両親は疎開に躊躇してなかなか応じてくれませんでした。先生方は、「海は戦争かもしれないけど、子どもたちを安全な軍艦で九州に疎開させるからそこは心配ない。来年三月にはこの戦争が終わっているから、半年の辛抱なので急いで疎開させて下さい」といって各家庭を訪問し、親御さんを説得しました。

海に消えた一四八四人の命

こうしていよいよ昭和十九年八月二十一日、対馬丸は学童約八百人、一般約八百人、計一六六一名の疎開者を乗せて那覇港を出港しました。しかし、そのときすでに沖縄周辺の海は船が何隻も沈められ、とても危険な状況になっていました。

そして翌八月二十二日午後十時過ぎ、アメリカ潜水艦ボーフィン号の魚雷攻撃を受け、ついに撃沈させられてしまうのです。対馬丸の運が悪かったのは、上海から沖縄に兵隊を運んできた船だったということで、ボーフィン号は対馬丸をずっと尾行していたことでした。いつか沈めてやろうと思っていた船だったのです。ヤマトへ行けば、汽車にも乗れるし、雪も桜も見ることができると、夢や希望をもって乗った対馬丸は無念にも海底に消え、子どもたちの夢や希望とたくさんの未来も一緒に沈められてしまいました。このときの学童と付き添いの一四八四人を追悼する「小桜の塔」が、那覇市の対馬丸記念館のそばに建立されています。

あれから七十年が経ちましたが、このたび天皇皇后両陛下がなぜ小桜の塔をご参拝なされたかと申しますと、天皇陛下は昭和八年のお生まれで、五年生のときに学童疎開をなされました。皇后陛下も学童疎開をなさっておられます。両陛下は同じ時代に戦争の辛い体験をなされているのです。夢と希望をもって乗った対馬丸が鹿児島県薩南諸島の悪石島《あくせきじま》の海の底に沈められたことに心を痛められ、対馬丸に深い想いを寄せられたとのことです。

さらに、天皇陛下は皇太子時代に外間守善先生より、琉球の歴史や琉歌などのご進講を受けておられ、その際に対馬丸で犠牲になった外間先生の妹さんのお話もお聞きになられていたのではないかと思われます。陛下は、「いつの日か同じ世代で同じ時代に生きた対馬丸の子どもたちの慰霊を……」と思われ、このたびの行幸啓に繋がったのではと推察しております。

亡くなった子に両手を合わせつつ編んだレース

そして、両陛下のご来県が決まり、小桜の塔にご参拝頂くことになりました。ご参拝頂く際にただ台の上にご献花頂くだけでなく、遺族としてもっと深い想いでお迎えいたしたいという気持ちがございましたので、献花台の上にレース編みを敷くことにいたしました。

このレース編みは、疎開を引率し唯一現在もご生存である当時の那覇国民学校の糸数先生(訓導)にお願いして編んで頂きました。先生に両陛下がお見えになるのでぜひ一緒にお迎えして頂けませんかと申し上げると、先生は「自分は盲腸の子がいて医務室にいたために偶然助かりましたが、自分のクラスの子は全員亡くなっています。私は子どもたちに会わす顔がない、そして御遺族にも会わす顔がありませんので今回はご遠慮いたします。」とおっしゃいました。

この先生は、七十年間こういう想いで過ごされてきたのです。そしてお迎えできない代わりに、ひと針ひと針想いを込め、子どもたちに両手を合わせるつもりで編んで下さいました。先生は九十歳になられるのですが、三月から一生懸命編まれて一メートルほどの白いレース編みが完成しました。先生はこれで自分の気持ちが子どもたちに伝わったかなとおっしゃっておられました。こうして、このレース編みを献花台の上に敷かせて頂きまして、両陛下はその上に無事献花をされました。

両陛下は、すぐにこのレース編みにお気づきになられ、先導していた対馬丸記念館の高良理事長が経緯を申し上げると、とても感動したご様子だったと伺っております。

それから両陛下は小桜の塔を後にされ、対馬丸記念館へお進みになられました。記念館では遺族でお出迎え申し上げ、両陛下は展示をご覧になられた後、遺族八名、生存者七名、計十五名とご懇談をもたれました。

両陛下は一人ひとりに御言葉をおかけ下さいましたが、それぞれに同じ御言葉はおかけになられませんでした。一人ひとりに想いを込めてご質問下さり、それにお答え申し上げるとまたそれにという感じで、耳元でやさしくお声をおかけになられたりしてお話し下さりました。宮内庁の方からもうお時間ですと急がされても一切お聞きにならずに十五名全員としっかりご懇談頂きました。

そして、十五名とのお話を終えられてもうお時間かなと思いましたら、また最前列の方のところに進まれて、さらに「お身体を大切に」とまた一人ひとりにお声かけをされて、ようやく会場を後にされました。私は間近でその光景を拝見させて頂き、両陛下のお姿がまるでご遺族の方を抱きかかえるような感じに見えました。あれから一か月以上経ちますが、私は今でも両陛下に、優しさを通り越して言葉では表せないほどの大変な感動を覚えております。

教え子の魂を呼び起こせたのでは……

ご懇談を終えられた両陛下は御休憩室にお入りになられました。その場に理事長と私が呼ばれました。理事長もご家族十一名が乗船、九名が犠牲になり、私も遺族なので、「たぶん家族のことをお聞きになるのでは。」と思われましたが、私の方はそのときすでにとても感動しておりまして、このたびのご懇談に際しお迎え頂く十五名のご遺族や生存者の方を選ばせて頂くのにご遺族と電話でお話ししたときのことを、どうしても両陛下にご報告せずにはおれず、その旨をつぎのようにお話しいたしました。

「私がこのたびのご懇談にご参加頂けませんかとお電話すると、ご遺族は決まって『私の姉はこういう姉でした、私の母はこういう母でした』と亡くなった一人ひとりのことをお話しされるのです。亡くなられた方がどんな方で、お元気なころどういう方だったかとか、子どもの頃ヤンチャでわんぱくでというお話を、あたかも今生きているかのようにお話しされました。これまでは慰霊祭などでただ顔を会わせるだけでしたが、私は今回の行幸啓でほんとうの意味で遺族として、しっかり一人ひとりと向き合わせて頂くことができました。亡くなられた方々の魂を呼び起こすこともできたのではないかなと感じております。」

行幸啓なければ単なる生存者、遺族者

「もし行幸啓がなければ、私たちは単なる生存者、単なる遺族として慰霊祭を斎行するのみでおりました。それが、このように行幸啓いただくことで、私たちも亡くなられた方々に寄り添い、全員の心が一つになり慰霊することができました。また生きがいとなりました。」と不敬を承知でこう申し上げたのです。

本来ならば両陛下からご質問を受ける立場なのですが、両陛下も深くうなずかれましたのでほっといたしました。

すると皇后陛下が先ほどの献花台に敷いていたレースのことを心に留めておられたのでしょう、部屋の脇台の上のレース編みを手にとられ、「先ほどの献花台と同じレース編みですね。」とおっしゃられました。じつは、ここにもレース編みを敷いておりました。この温かい御言葉を賜り、私は「教え子を亡くし、辛く長かった七十年も両陛下の慰霊で救われたのではないでしょうか。」と申し上げると、両陛下も大きくうなずかれました。

このたびの行幸啓は、両陛下が対馬丸の子どもたちに手をひかれてご参拝なさったのではと、そんな想いをしております。高齢になった遺族の皆さんも「おみやげ話ができました。亡くなった子どもたちに両陛下のお話をすることができます。長生きしてよかった。」と話されております。

行幸啓のお陰で、対馬丸の子どもたちに両陛下のお心深い思いを賜わることができ、感謝しております。これから私たちは、対馬丸を通じて平和を願い、二度と対馬丸の子どもたちのように未来を奪われる子どもを出さないよう、八十年に向け船出して参りたいと思います。

第三章　沖縄理解への道に大御心を仰ぐ

遺骨と慰霊

いままだ沖縄には、三千柱近くの遺骨が洞窟や土中に埋まっているといわれています。その証拠に、摩文仁《まぶに》の丘の国立沖縄戦没者墓苑にある納骨堂には、毎年新たに約百柱が納骨されています。平成二十一年などは、那覇市の新都心・真嘉比《まかび》の建築工事現場からだけでも百七十余柱の遺骨が収納されました。それまで遺骨収集作業に公的な人的派遣はしていなかったのですが、県の福祉援護課はあわてて対策を立て、ホームレスの人たちの継続的な就労先の一つとして割り当てたようです。

小生がある年、ある団体の遺骨収集ボランティアに加わったとき、遺骨収集作業をなぜ沖縄県として実施しないのかを、県の福祉援護課に問い詰めたことがありました。そのときの説明にあたった担当者から、末端行政の町村から上がっている調査用紙を見せられて驚きました。なんと〝未収遺骨〟の数が、行政的には「ゼロ」となっていることを知らされたのです。沖縄県としては、県下の〝未収遺骨〟が「ゼロ」であるのに、人的派遣を企てることも、予算を立てることもできるわけがないと言われたのです。「したがって、皆さんのボランティア活動に頼らざるを得ず、側面的にお手伝いをさせていただいているしだいです」と言うのです。

そのうえで、先にも書いたように、各種遺骨収集奉仕団体によって年間約百柱の遺骨が公益財団法人沖縄県平和祈念財団の奉安室に納められ、毎年三月初旬、厚労省からのお役人立ち会いのもとに納骨式なるものが行われて、摩文仁の丘の国立墓苑に納骨されているのです。しかも、嘆かわしきことに、それが宗教的な「祭儀」ではなく、「式典」形式ですまされているのです。このような場合、公的機関が宗教儀式を行うと憲法違反だという「催眠術」にかけられているからでしょう。したがって、遺骨によっては地中から出されて納骨されるまでの間、手厚い宗教的慰めや感謝の扱いを受けないままになるのです。遺骨収集に傾ける人たちの真心をくみ取るならば、「式典」だけで終わるのはどうかと、小生には思われるのですが、いかがなものでしょうか……。

慰霊地への大御心

先年、小生らの遺骨収集作業中にも、頭骸骨とほぼ全身に近い遺骸とともに万年筆が出てきました。「土井」と読み取れる名前が確認できたので、資料をたぐってついにご遺族に通知できました。半年後、北海道に住む弟さんと姪御さんを発掘現場までご案内し、焼香や本人唱導の読経や唱名にもおつきあいさせていただきました。御霊《みたま》もさぞやお喜びであろうことを実感させられました。このような好実例は別として、無縁仏にいたっても、公的私的を問わず宗教的手向《たむ》けがあってしかるべきでしょう。

その遺骨発見の作業から半年は経っていましたが、不思議にその洞窟の地面には水たまりができていました。とっさに皇后陛下の、つぎの御歌が私の頭をよぎりました。

慰霊地は今安らかに水をたたふ如何ばかり君ら水を欲《ほ》りけむ

これは平成六年に硫黄島に天皇陛下と行幸啓の砌《みぎり》にお詠みになったものですが、いみじくも「慰霊地」と詠まれていたので心に残っていました。ちなみにそのときの天皇陛下の御製は、

精根を込め戦ひし人未《いま》だ地下に眠りて島は悲しき

でした。この「島」を沖縄にひきよせて大御心を仰いで感慨にふけったことでした。

「反日」の根深さ

その感動をある会合で揚々とスピーチしたところ、隣席の御仁が立ち上がって「我々はそんなことには関心がない。ましてや日本軍人のことなど……。」と辛辣な反発攻撃を食らうことになりました。冒頭でふれた沖縄県福祉援護課に上がってくる行政末端からの報告書に、〝未収遺骨〟は「ゼロ」であることの裏側の実情を知らされる思いがしました。

戦後占領下の二十七年の久しき間、戦勝国米軍の洗脳教育とマスコミ操作が功を奏し、今日もなお教育界とマスコミ界に引き継がれて迷妄が啓《ひら》かれないままの、籠の鳥のような沖縄県民の実情の証《あかし》として、先記の御仁の発言は深刻に受けとめました。が、その根の深さとこじれは尋常ではありません。

このことは元知事で元参議院議員の大田昌秀氏が、作家で元外交官の佐藤優氏との共著『徹底討論・沖縄の未来』であからさまにまくし立ててくれているので、決して小生の誇張ではないことはおわかりいただけるはずです。

この著は「侵略」という悪事を働いた暴虐《ぼうぎゃく》の軍国旧日本によって、穏やかな南国琉球列島が無惨にも苛烈な戦争に巻き込まれたことが、日本軍への恨みをもとに綴られています。大田氏自身も、鉄血勤皇隊に組み込まれて激戦奮闘下九死に一生を得た経験の持ち主です。

そうして戦後は、反国家・反体制派の政治活動を貫き、知事・参議院議員を経て反戦運動に挺身してこられています。戦争は悪逆非道であり、それは避けねばならないという説得をこの著のなかで展開されています。大田氏は、反戦平和運動を以て「慰霊」と考えているのです。氏の「恨み」が象徴するように、その根は尋常ではないのです。

革新知事の沖縄と初行幸啓の忌避行動

そのような現実を絵に描いた如くに明示したのが、平成五年四月二十三日、那覇空港で沖縄史上初めて天皇陛下をお迎えした当時の県知事の大田昌秀氏の姿でした。第四十四回全国植樹祭にご来島の天皇・皇后両陛下を県関係要人とともに歓迎する場面で、首長である大田知事だけが〝万歳〟をしなかったのです。

当日、天皇陛下の日程を終えたあとの七時三十分からのハーバービューホテルでの記者会見（手塚英臣侍従、坂東自朗行幸啓主務官も同席）で、大田知事はそのことを詰問されています。大田知事は、「知事選で当選したときも断った」いきさつを語り、さらにこの植樹祭の準備段階から宮内庁とのやりとりのなかで了解を取っていたほどの周到な頑《かたく》なさを披瀝《ひれき》しています。氏にとっては、〝万歳〟はそれほどに大東亜戦争の悪イメージに結びついているようです。

したがって、平成二年十一月に保守現役の西銘順治知事を破ってこの革新知事が誕生すると、知事の支持基盤の政党や労働団体などへの配慮から、県は宮内庁から打診された初行幸啓を断る挙に出ていたのです。平成四年五月十五日、宜野湾市で開かれた沖縄復帰二十周年記念行事、そして毎年の沖縄県での組織的戦闘が集結したとされる六月二十三日の戦没者追悼式への行幸啓打診を巡って、警備上の問題とか準備期間の問題などを理由に沙汰止みにしていたのです。

県民意識を推移させていた大御心の浸透

ところが、県内世論調査の一例として琉球新報社による調査の数字を参考にあげてみると、復帰十五年の昭和六十二年(昭和天皇ご発病の年)には、「天皇訪沖」に賛成が四二・五%、反対八・二%。反対者がおおよそ県民十人に一人いたことになります。復帰二十年の平成四年二月には、全国植樹祭への天皇「ご来県」に賛成が五〇・五%、反対六・八%となっています。御行幸直前の平成五年三月では、賛成七四%、反対五・三%となっています。賛成が四人中三人で、反対者が二十人に一人に減ってしまったのです。大御心がすでに沖縄県民の心に深く浸透していたのです。こうなれば、革新知事たりといえども、支持団体に気兼ねばかりしてはいられません。

これを報じている平成五年四月二十三日付けの「琉球新報」の社説子は、「反対は五・三％に止まった」と残念そうに書き、「(反対の)数は減ってはいる。しかし、スパイ容疑をかけられて旧日本軍に殺害されたり、集団自決に追い込まれた住民など沖縄戦の記憶は戦後四十八年たったいまも生々しく刻み込まれている。沖縄が受けた傷と天皇制をどうしても切り離して考えることのできない人々がいることを忘れてはならない。」と訴えています。この一文が訴える心底からのルサンチマン(怨恨・憎悪・嫉妬などの感情が心に積っている状態)は、まったく先にふれた大田知事のそれと通底しているのです。

ルサンチマン溶解の大御心

陛下はつとに皇太子時代、「気になるのは」と前置きされて「沖縄の歴史は心の痛む歴史であり、日本人全体がそれを直視していくことが大事です。」(昭和五十一年お誕生日前の記者会見)とおっしゃっています。そのことを「避けてはいけない」と強調され、「琉球処分の時代から戦後の復帰まで、私たちはあまり学んできたとはいえない。」と指摘されてきました。

それに乗ずるかの如く、かの社説子は言いつのっています。

「確かに沖縄は本土の他地域とは異なった歴史を歩んできた。琉球処分、そして先の大戦では住民の四人に一人が犠牲に遭うという国内唯一の地上戦を体験し、戦後も二十七年間米軍統治下に置かれた。復帰二十一年――本土との格差は縮まらず、そして巨大な米軍基地も居座っている。今世紀中にはとても処理できない不発弾、遺骨、戦後は終わっていない。」

この同情措《お》く能《あた》わざる悲壮にして深刻なる精神風土は、他県の者にとっては、居を移して「郷に入れば郷に従え」に浸る者でないとわからないでしょう。ところが、じつに大御心はすでに、沖縄列島を覆う「ルサンチマン」妖怪の全容を把握し、その核心を包みこむ達眼の如きご慈愛に満ちた御言葉を発せられているのです。

「払われた多くの尊い犠牲は、一時《いっとき》の行為や言葉によってあがなえるものではなく、ひとびとが長い年月をかけて、これを記憶し、一人ひとり、深い内省の中にあって、この地に心をよせ続けていくことをおいて考えられません。」

これは昭和五十年に戦後皇族では初めて、皇太子・同妃殿下としてご来島のとき、あの忌まわしいひめゆりの塔での火炎瓶事件があったその日、最後の日程であった「くろしお会館」(沖縄県遺族連合会会館)でのご挨拶の中にある御言葉であります。

敷衍的実践の御言葉

ここで、皇太子時代から数えて六回目のご来島に関して記述補充をいたします。このときも、まっ先に沖縄県営平和祈念公園内にある国立沖縄戦没者墓苑に向かわれています。そして、ひめゆりの塔に花束を献《ささ》げてご拝礼。昭和五十年にはあの事件のために果たせなかった「沖縄県平和祈念資料館」をご視察。女学生たちの遺影や南風原《はえばる》陸軍病院跡壕などの復元展示も時間をかけて熱心にご覧になられています。

平和祈念堂で、約百五十名に限られた各市町村の遺族代表の方たちに丹誠込めて語られた御言葉はつぎのようなものでした。先の御言葉の敷衍《ふえん》的実践の御言葉です。〝ねぎらいの言葉〟という見出しで「琉球新報」の平成五年四月二十四日朝刊に掲載されています。

「即位後早い機会に訪れたいという願いがかない、きょうから四日間を沖縄県で過ごすことになりました。着後、国立戦没者墓苑にもうで、多くの亡くなった人々をしのび遺族の深い悲しみに思いをいたしています。

先の戦争では、実に多くの命が失われました。中でも沖縄県が戦場となり、住民を巻き込む地上戦が行われ、二十万の人々が犠牲になったことに対し、言葉に尽くせぬものを感じます。ここに深く哀悼の意を表します。

戦後の沖縄の人々の歩んだ道は厳しいものがあったと察せられます。そのような中でそれぞれ痛みを持ちつつ、郷土の復興に立ち上がり、今日の沖縄を築き上げたことは、深くねぎらいたいと思います。

今、世界は平和を望みつつも、いまだに戦争を過去のものにするに至っておりません。

平和を保っていくためには、一人びとりの平和への希求とそのために努力を払っていくことを日々積み重ねていくことが必要と思います。

沖縄県民を含む国民とともに、戦争のために亡くなった多くの人々の死を無にすることなく、常に自国と世界の歴史を振り返り、平和を念願し続けていきたいものです。

遺族の皆さん、どうかくれぐれも健康に留意され元気にすごされるよう願っています。」

「御言葉」と「声かけ」で確執

天皇効果を砂消ししようとする革新県知事を擁する沖縄への行幸啓には、宮内庁も苦労が多かったようです。先の御言葉にこそご来県の本意が込められているのですが、それを「しらしめす」ために早く何度も行幸啓の機会を督促してきたにも拘わらず、それを阻止してきたのが当時の沖縄県の姿勢でありました。

しかし、強圧的な儀式としての「御言葉」は不要であると県側から牽制されても、陛下の大御心を知る宮内庁としては、折れるわけにはいかない。それでも、遺族の代表の方々への「御言葉」は、それも原稿を読み上げるようなものでなく、せいぜいお声がけ程度にしてほしいという県側の主張に妥協せざるを得なかった確執も報じられています。

したがって、天皇陛下は当日、原稿無しで暗誦するような形で御言葉を述べられています。そのため、当日の朝に報道関係者に配られていた「予定稿」と少し相違が生じることにもなり、愚かにも記者たちはそのことを騒いだようです。

陛下は、お書きになったものを生真面目に思い出しながら、ゆっくり丁寧にお話しになられています。御言葉の「二分」という予定は、「六分」になりました。慣例どおりにしておれば、陛下に暗記・暗誦の労苦をおかけしなくてすんだし、日程もスムーズに運び、予定稿との相違騒ぎもなかったはずです。いずれも、革新県政の愚策が災いしたものでした。

戦場の跡に「松よ植ゑたん」

先述した社説子が奇妙なことをいっていました。「私たちが危惧するのは、今回『天皇来県問題』が前面に押し出されるあまり、全国植樹祭の存在と意義が薄れてしまうことである。」と。これは天皇いまさずして何事も成り立たぬ、天皇ありてこその文化・国力の継承発展であるという国柄・国体意識からは完全に切り離された、異民族センスのジャーナリズム・シップに染め上がった文例の典型といえます。しかし、これが厳粛なる実情であることを直視し、私ども日本民族、県民としては底知れぬ危惧を感じずにはおれません。

社説子は、そしてこう締めくくったのです。

「沖縄で開かれる植樹祭の目的はあくまで戦争で荒廃した土地に緑を取り戻し、平和への誓いを新たにすることである。」

だからこそ、おのずから天皇陛下のご来臨をあおぐにいたるのです。社説子は、沖縄は日本でないとおっしゃるのか。あの感動あふれる万雷の拍手をどう見るのか。この体験で少しは目が醒めたであろうことを期待しておきましょう。

この植樹祭によせて貴重な御製を賜っています。沖縄の言葉で琉歌です。

弥勒世よ願て揃りたる人たと　戦場の跡に　松よ植ゑたん

みるくゆゆにがてぃ　すりたるふぃとぅたとぅ　いくさばぬあとぅに　まつぃゆうぃたん

番外編　沖縄県護国神社境内に御製御歌の歌碑建立

御製御歌二屏連立の石碑

先述の御製である琉歌は、長い間日の目を見ないまま御製集などに活字としてとどめられたままになっていました。が、平成二十三年四月二十三日、「沖縄県護国神社御創建七十五年記念事業奉祝祭典例大祭」の冒頭において、その歌碑建立の除幕式が挙行されました。

建立に至る経緯の詳細については、巻末収録の付録『御製・御歌の歌碑建立のいきさつ』(百二十頁参照)を随意ご覧いただくことにいたしますが、じつは御製に寄り添うように皇后陛下の御歌が建っています。

鹿子じものただ一人子を捧げしと護国神社に語る母はも

漆黒の久米石に斯界名筆の金箔があざやかに光を放ち、厳《おごそ》かに境内を威厳づけている二屏連立の石碑の出現は、まさに沖縄にそそがれた大御心の象徴といえましょう。

ここまでお読み下さった読者のご好意に甘えさせていただき、その歌碑出現のきっかけについて興奮気味に詳しく申し述べました『大御心と沖縄　その一』の「あとがきにかえて」の記述を引用転記しながら再述させていただきます。お許し願います。

皇后陛下から御歌集『瀬音』を賜る

話は少しさかのぼります。

私は、平成二十一年二月二十四日から二十七日まで第五回全国護国神社神職皇居勤労奉仕団に参加し、貴重な体験をさせていただきました。かねてから希望しておりましたことが、望外の形で実現しました。年齢制限ぎりぎりの七十歳で、しかも宮司である手前、団長をおおせつかり、青壮年神職の皆さんに率先奉仕の範を示さねばならぬ立場に置かれた緊張の日々でありました。もっとも、緊張の真の理由は、ご奉仕期間中に天皇・皇后両陛下、皇太子・同妃両殿下から御会釈を賜る光栄に浴するということにあり、その際団長は団員を後ろにひかえて、指呼の間に接近される殿下、陛下に対し団体名を名乗りご下問にお答えしなければならないという重責が課せられていたからでもありました。

そして、感動のうちに全ての任務を終えることができました。ところが大変なことが起こりました。両陛下御会釈の日の午後は牡丹雪が降りしきる、東京では珍しい寒冷の日であったため、勤労奉仕者たちの健康を気遣って、宮内庁の配慮によって奉仕は中止になりました。

予定より早く靖国神社に引き上げて帰路の準備に取りかかっていた時刻、午後四時頃、宮内庁から総務課の職員お二人が、小生を訪ねて来られました。三井権宮司（靖国神社）同席のもと宮司応接室で迎えましたところ、勤労奉仕に対する懇ろなお礼の言葉につづいて「これは侍従職から預かって参りましたものですが、皇后さまから『沖縄県護国神社からお越しの方がおられたので、この『瀬音《せおと》』という本を差し上げて下さい。沖縄県護国神社を詠んだ歌が載っておりますから。』というお言葉であったらしいです。」と言われながら、宮内庁の茶封筒を差し出されました。

歌人皇后陛下の名を世界的にした『瀬音』

この御本は皇后さまの歌集として大変広く国民に読まれているばかりでなく、竹本忠雄氏によるフランス語翻訳本が世界の要人・知識人に大反響を呼びおこし、美智子皇后さまの歌人としての世界的名声をいまや揺るぎないものにした貴重な御本であります。入手が遅れておりました小生は、このご奉仕の際、皇居集合場所になった窓明館のかたすみにあった売店にその御本を見つけ、休憩時間に買い込んだばかりでした。
「沖縄県護国神社のことをお詠《よ》み下さっているとは存じませんでした。どこに載っているのでしょうか。」と宮内庁のそのお二方に尋ねました。「いえ、私どもはわからないんです。つぶさに読んではおりませんので……」というお答え。したがって封筒から御本を取り出すこともなく、皇后さまのおこころを深甚の感謝の気持ちで押し戴いて御礼の言葉を申し上げるばかりでした。

翌朝身を清めてすがすがしく、皇后さまからの下賜本を茶封筒からおそるおそる取り出しました。ふと御本の束の上部に突起物があることに気づきました。なんと色濃き浅黄の付箋が香しく、「ここですよ」といわんばかりにのぞいているではありませんか。皇后さまの行き届いたおもいやりの、おこころづくしに電撃が走りました。そーとおもむろにその頁を開きました。六十七頁でした。

鹿子じものただ一人子を捧げしと護国神社に語る母はも

という名歌です。
なぜか標題が「鹿」となっています。鹿は一頭づつしか産まないので、万葉時代から憶良の「防人」の歌などにも、「鹿子じもの」は「一人子」の枕詞として使われています。「鹿が仔鹿を愛《め》ずるように手塩にかけて育てたたった一人の子を国のために捧げましたと、その息子がご祭神にもなっている護国神社に祈りつつ語りつづけるお母さんでいらっしゃいますは」とでも僭越ながら語釈しておきましょう。各自解釈はお深め下さい。

先の竹本忠雄氏の御歌の日本語による解説と皇后陛下伝『皇后宮《きさいのみや》 美智子さま 祈りの御歌《みうた》』によれば、この御歌から皇后さまの歌風が歴然と変化を示し、心の情感の中身にふれられるお言葉で歌われるようになった注目すべき御歌であるとのことです。

そのことを知らされていた御歌ですから、「エー？ これが沖縄県護国神社のことをお詠い下さったものであったのか」という驚きと、秘密の宝庫でも知らされたかのような歓びの感動がつづいて沸いてきました。

作者皇后さまから、ここで詠われている「護国神社」は紛れもなく「沖縄県護国神社」であることを初めて明かして下さったことになるからです。言ってみれば、侍従職も宮内庁関係者も、さらに全国に五十二社ある護国神社の関係者も神社界関係者も、いまだ誰一人知る人はいないわけです。今封筒から取り出した小生だけが知らされたことになるのです。

さっそく、神社ではこの御歌の「歌碑」を境内に建立させていただく計画を進め始めました。そして、ささやかながら小生個人もなんらか微忠《びちゅう》の印になるものをご返礼にと思いついたのが、あの小冊子『大御心と沖縄　その一』の上梓でありました。「光を枡の下にかくすことなく、大御心を世に輝かす一助になれば幸いです。」と結んでいます。そして、その二がこの冊子です

はやとちりのおわび

その後『大御心と沖縄　その一』の冊子は、宮内庁総務課御伝献による両陛下への献上も順調に成就し、神社役員会では折しも天皇陛下御即位二十年奉祝事業として皇后陛下のこの御歌の歌碑建立を以て遂行することが正式に決まりました。ところが宮内庁に提出した許可申請書とともに奉呈した社報『うむい』のつぎの一文が問題になりました。

「……畏くも皇后陛下から御著書『瀬音』を賜り、その中の「鹿子じものただ一人子を捧げしと護国神社に語る母はも」という御歌が、じつは『沖縄県護国神社』のことを詠われたものであることを明かして下さったのであります。……」

平成二十一年十一月十九日、黒田侍従からご注意がありました。「あの御歌の「護国神社」

は昭和四十九年に御親拝された本土の護国神社のことで、沖縄県護国神社のことではありませんから、ご忠告申し上げておきます。」という旨の内容でありました。ただちに歌集『瀬音』をご持参下さったときの宮内庁総務課の方々にも連絡しましたが、沖縄県護国神社のことであると「言わない」「聴いた」の応酬では解決にならないので善後策を話し合い、すぐにつぎの訂正とお詫び文を添付することを以て宮内庁の了解を得ることができました。


謹んで訂正のお詫びを申し上げます。

宮司挨拶文(三頁)中、皇后陛下御歌の「護国神社」は、「沖縄県護国神社」と特定することは相応しくないことが判明しました。すべて当方の誤認としてご海容下さいますようお願い申し上げます。(平成二十一年十一月二十五日・沖縄護国神社宮司・伊藤陽夫)

読者の皆様にも、特に『大御心と沖縄　その一』のあとがきをお読み下さった方々には謹んで訂正のお詫びを申しあげるしだいです。

さてそうなると、この御歌と当神社の直接の所縁はなくなりましたが、「護国神社」を如何にお心にかけて下さっているかを皇后陛下自ら付箋まで貼って御歌集を当神社宮司に御下賜くださりお示し下さった、この事実は否定すべくもない忝なき事実であります。このおぼし召しに対する報謝御礼の意を表する企画として、歌碑建立を御即位二十年奉祝の記念事業とすることが、改めて平成二十一年度第三回理事会（平成二十二年一月二十三日）で再確認されたのでした。

除幕式で完功奉祝祭の冒頭を飾る

そして月日は過ぎ歌碑建立工事は完了しました。神社御創建七十五年記念事業完功奉祝祭典（平成二十三年四月二十三日第五十三回春季例大祭と併斎）の朝を迎えました。あいにく小雨から驟雨《しゅうう》となり境内の祭典準備は困難をきわめました。ところが、祭典直前の十二時四十五分からの御製・御歌の「歌碑」除幕式に関係者を迎えてくれたのは、雨上がりの小鳥のさえずりでありました。まるで雨の幕をさっとあけて式が始まった演出のようでした。この瑞兆《ずいちょう》には参列者一同感嘆の声を禁ずることができず、境内は歓喜の囁《ささや》きでざわめきました。

除幕とともに漆黒の二本の久米石に、それぞれ金文字の鮮やかな揮毫《きごう》が輝きました。振り返ればこの歌碑建立計画は、平成二十一年に今上陛下御即位二十年の奉祝事業として二年がかりで企てたことになります。その進捗途上、新社務所の完成をみて建立場所を決定することになり、巧まずしてその除幕式が神社御創建七十五年記念事業の「点睛」となりました。畏れ多きことながら大御心を仰敬する私どものささやかな、御即位二十年奉祝の真心が天聴《てんちょう》に達してその答礼の如くに、この日この時を選び事業完功の祝儀として大御心の「歌碑」をわが境内に賜ったのではないかとさえ思えてなりません。

我田引水的にこの項は大変長い記述になり恐縮ですが、ここまでお読みいただいた読者の皆様方につぎのことを申し述べて安堵していただき、終わります。

❖歌碑写真帳で御礼御奉告

後日、御神木のがじゅまるを背屏風に厳かに聳立《しょうりつ》する御製・御歌の歌碑を豪華版写真帳に仕上げ、御礼奉告書を添付して宮内庁総務課を通じて天皇皇后両陛下への御伝献に六月二十一日参上しました。そして八月八日午前九時五〇分、宮内庁清水侍従から電話がありました。「両陛下から『拝見しました。ありがとうとお礼を伝えて下さい』というお言葉でした。」という連絡をうけました。それはこの歌碑の特製写真帳のことであります。

清水侍従は、「六月二十二日には私共は処理しておりましたが、両陛下はあの東日本の震災のあと大変お忙しく、お出かけのことが多くなりましたもので、しかもお届け物も多くなり、一つ一つご丁寧にご覧になられますので、今日のご返事になりました。」と、こちらの心中を察するかのような説明でありました。

この写真帳の表紙に当たる部分にはつぎの文面（上記）が見えるように施させていただきました。

この宛先は畏くも両陛下でありました。写真帳をご覧になられる前に側近の人の説明をわずらわせない配慮をさせていただきました。

御製・御歌の歌碑建立奉告

平成21年2月27日、第五回全国護国神社神職皇居勤労奉仕最終日に、畏くも皇后陛下から団長・沖縄県護国神社宮司へ賜った御歌集『瀬音』に御しるしの「御歌」を、当神社の境内に歌碑として建立させていただきました。折から「天皇陛下御即位20年奉祝記念事業」として進めるうち「御製」とともに並立建立案が認可されることになり、忝くも「御製」「御歌」両歌碑の除幕式を当神社御創建75年の記念事業完功奉祝祭典の日（去る4月23日）に迎えることができました。写真を以て御奉告いたします。

平成23年6月21日
沖縄県護国神社

◇御製碑にまつわる事ごと

御製の琉歌に関しても少し触れさせていただきます。

歌碑にどの御製を戴くかにあたって、天皇陛下として初めてご来島いただいたときの記念すべき御製である理由を以て、

弥勒世よ願て揃りたる人たと　戦場の跡に　松よ植ゑたん

みるくゆゆにがてぃすりたるふぃとぅたとぅ　いくさばぬあとぅに　まつぃゆうぃたん

を所望することを神社役員会で決定しました。宮内庁・沖縄県の許可をうけたいきさつは巻末添付の付録『御製・御歌歌碑建立のいきさつ』にあるとおりです。

『弥勒世よ《みるくゆゆ》』、即ち「極楽世界を」、「願て《にがてぃ》　揃りたる《すりたる》　人たちと《ふぃとぅたとぅ》」、即ち「願って集まった人たちと」戦場の跡に松を植えましたという意味の琉歌です。あらためて言いますと「平和な世を願って集まった人々とともに戦場の跡に松を植えました」という大意です。感慨深き大御心ですが、「松」で思い起こしますのが昭和二十一年歌会始、御題「松上雪」でお詠みになった昭和天皇の御製です。

ふりつもるみ雪にたへていろかへぬ松ぞををしき人もかくあれ

当時被占領下にあった日本です。人もかくあれと激励、率先垂範された昭和天皇からのメッセージを継承された今上陛下の聖姿をここにうかがい知る思いがいたします。もっとも、「み雪」とは縁がなく、「いろかへぬ」は当たり前の自然現象の沖縄においては牽強付会《けんきょうふかい》のそしりを受けることかもしれませんが。

ともあれこの歌碑の落成後、石工士であった李楊龍氏の報告によれば、友人のチベット人を当神社に案内した際、その友人がこの歌碑の数メートル前のところで立ち止まり、光が来て前に進めないと言って、雨上りのぬかるんだ地面にひれ伏してしまったといいます。しばしうずくまっていて、立ち上がってもあとずさりしてタクシーに乗りこんだということであります。御製・御歌の意義、威厳、威光の知識なき異国の人もかく感じるものを境内に放っています。

その揮毫者は、御製に関しては沖縄県随一の日本書芸院理事で、すでに国立劇場前の御製歌碑に麗筆を揮《ふる》われていました茅原南龍先生にお願いしました。御歌に関しては、『神社新報』の題字を揮毫された柏木白光女史が当神社に参拝来社のとき、これまでのいきさつを初対面である宮司の小生から聞いているうちに揮毫奉仕を決意されて申し出られました。

最後に歌碑に刻まれている説明文を転記して終わります。

「天皇皇后両陛下が、平成五年当県米須・山城での第四十四回全国植樹祭に行幸啓の砌、沖縄県に賜った御製です。当神社企画の今上陛下御即位二十年奉祝記念事業の一環として、広く大御心をお伝えするため歌碑を建てました。」

奉祝・天皇陛下御即位二十年、御成婚五十年

大御心《おおみごころ》と沖縄

その一

伊藤 陽夫

＊本書と同じく、京都通信社から平成二十一年四月十日に出版した内容を収録しています。

【収録】

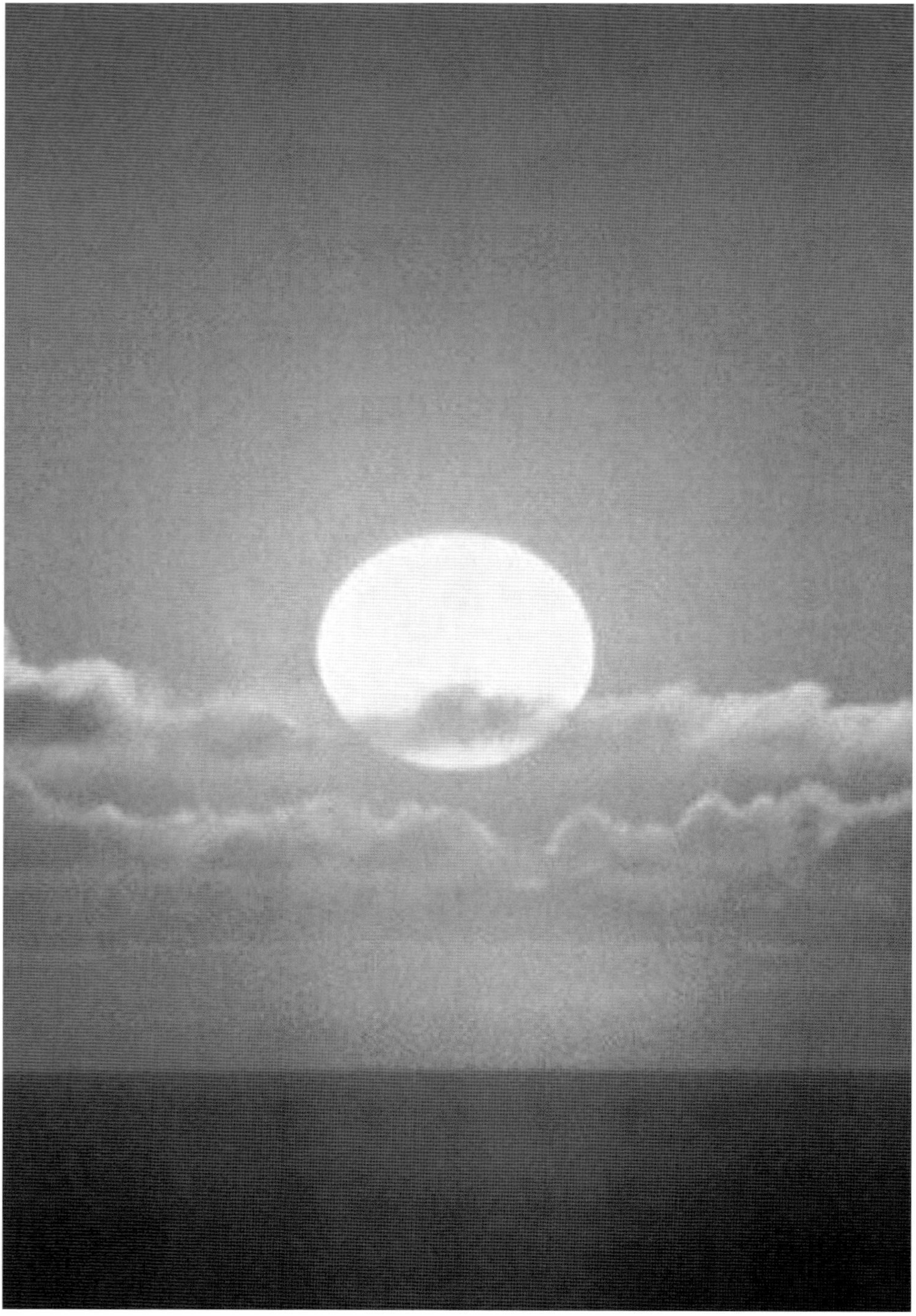

はじめに

あの大戦の地獄絵図のような犠牲と廃墟の中から、今日の復興をもたらした遺族の方々の計り知れない忍耐努力の精華として、今日の沖縄の安泰があります。高齢になった遺族の方々の「心の支えになってあげて下さい」とこのたびも天皇陛下からお言葉を戴きました。その上、「あとがきにかえて――本冊子誕生のいきさつ」に詳述しておりますように、皇后さまから忝《かたじけ》なくも御著書『瀬音《せおと》』を賜りました。そのお心配りにお報い申し上げる微意の一端として取り敢えず『大御心と沖縄　その一』を上梓いたしました。雑誌『八重垣』（三潴《みづま》修学院機関誌）に連載しました拙文をまとめて加筆したものです。

沖縄に注ぎつづけられる大御心によって、いかに人々の心がなごみ癒されてきたか、少しづつ見聞きしたものを綴っております。ささやかながらこの冊子によって、人々の皇室に対する誤まった思いが正され、日本人としての正しい自覚が促され、少しでも御宸襟《しんきん》の安らぎにお役に立つことができれば、この上なき幸せです。

天皇陛下御即位二十年御成婚五十年の目出度き年にあたり、この冊子刊行を以てささやかな奉祝の表意とさせていただきます。

平成二十一年四月十日

沖縄県護国神社　宮司　伊藤 陽夫

写真　安田 淳夫（以下同）

歳旦祭

明治天皇の御製《ぎょせい》に

わが國のためをつくせるひとびとの名も武蔵野にとむる玉垣

というお歌があります。ここは那覇市奥武山《おうのやま》でありますので、

わが國のためをつくせるひとびとの名も奥武山にとむる玉垣

と詠《よ》み代えさせていただき、大御心を仰ぎながら、約十八万柱の御霊が鎮まる玉垣の聖域、沖縄県護国神社で、今年も歳旦祭《さいたんさい》を恙《つつが》なく斎行させていただきました。

全国各神社の例に洩れず、当神社に於いては元旦零時から歳旦祭を厳修しております。日本人はこうして全国津々浦々の神社で各神社の御祭神に往年のご加護を感謝申し上げ、さらに新しき年が良き年になりますように祈願しております。この実態はじつに民族的習俗の他なにものでもありません。古い時代から宮中祭祀即ち御皇室のお祭りとして発祥し、民間に伝播されたものと伺われます。

去る年の「月」の御題で、

年ごとに月の在りどを確かむる歳旦祭に君を送りて

と、美智子皇后さまがお詠み下さっています。

昭和天皇のご薫陶をうけられて、祭祀厳修にご精励の今上陛下を、厳寒の月夜空の戸外へお見送りされたときのお歌でございましょう。

年ごとにこうして国民統合の中心者でいらっしゃる聖天子さまが践《ふ》み行われることを、国民こぞって全国津々浦々の各地各神社に詣でて同じお祭りに参列している、この事実実態は、なんと見事な、なんと目出度い麗《うるわ》しいことではありませんか。気高い美しい心の民族であればこそ伝承して来られたことでありましょう。

護国の大神

このように世界に稀な崇高な精神文化をもつわが国を、命に代えて護って下さったのが靖国・護国の御祭神・護国の大神たちであられます。皇后さまは平成八年の終戦記念日にと、

海陸《うみくが》のいづへを知らず姿なきあまたの御霊《みたま》国護《まも》るらむ

と詠われました。

かつて身を犠牲にして國を護ってくれたことをのみならず、姿なき御霊が今も護ってくれていることを感じられてのお歌です。今も、水漬《みず》く、草生《む》す果ての御霊《みたま》たちが「護って下さっている」という実感で御霊に感謝の誠を捧げて下さっています。

そして平成六年、硫黄島に行幸啓《ぎょうこうけい》されましたとき、今上陛下は、

精根を込め戦ひし人未だ地下に眠りて島は悲しき

という御製を詠われました。この「島」の意は、硫黄島のみならず、多くの南洋の島々にも通じましょうし、沖縄も含まれていましょう。いまだこの沖縄本島には約四千体の遺骨が埋まっていると言われています。

昭和五十一年、沖縄国際海洋博覧会閉会式御臨席のためご来島の砌《みぎり》、当時皇太子・同妃両殿下であられましたお二方が、伊江島《いえじま》にお召し機でつかれてタラップを降りられたあと、しばらく滑走路に向かってお辞儀をして動かれなかったと聞いております。着陸まぎわに側近の者から「滑走路の下には遺骨が埋まっています」と説明を受けられたからでした。伊江島では、島民一千五百人と軍人二千人が犠牲になったといいます。

あの、数年前サイパン島慰霊の行幸啓で、私どもの目に焼き付いて離れない、あのバンザイ・クリフに向かっての祈りのお辞儀のお姿と同じお姿であったことでありましょう。

伊江島の芳魂之塔

その伊江島の滑走路の下に、おそらくは家族全員の遺骨が埋められているであろう、孤児で育った大城和子さん。いまや孫に恵まれたおみやげ店の名物ばあちゃんではありますが、あの沖縄戦で米軍の爆撃の中、城山《ぐすくやま》に向かって逃げまどっているとき、両親もきょうだいも撃ち殺されたのか、別れ別れになっ

たまま、自分一人生き残ったのでした。悲惨な戦後生活を生き抜いてこられた話を先年伺って参りました。

米軍の猛爆撃下を奇跡的に助かったあと米軍施設の戦災者収容所に収容され、両親きょうだいとの再会を待ちわびて、来る日も来る日も、金網から夕陽が落ちる西空に向かって号泣し、忍び泣きし、慰める米軍兵を悩ませつづけたと述懐される大城さんの涙顔は、当時十四歳の少女の顔を彷彿とさせていました。

沖縄激戦下の被災者は大城さんのような例は珍しくなく、ほとんどの人々は戦争を恨み、国を憎み、皇室を疎《うと》んじています。

したがって昭和五十一年に皇太子・同妃両

殿下が二回目の沖縄行啓、伊江島ご訪問のときは「なにをいまさら」といわんばかりに奉迎を拒否する島民が多かったようです。大城さんもご多分にもれず、奉迎というより興味に駆られて戦没者の慰霊塔なる「芳魂之塔」のあたりで両殿下の様子をうかがっていました。

滑走路に向かって深々とお辞儀をされた両殿下は真っ先に「芳魂之塔」に向かわれました。まさしく巡礼の旅です。その真心こもったお二方の拝礼のお姿を目の当たりにしたとき、大城さんはうち震《ふる》えるような感動を覚えたと言われます。「なんと美しい」と。「もう美しさに涙がポロポロ出てきたんですよ。何でなのかわからないですけど……」。

両殿下が接近されたとき「一番に手を出したらニコッと笑われて」美智子妃殿下が握手して下さった。「おとうさん、おかあさんが私の手を伸ばして握手したのだと思います」と語り、「それまでの戦争にまつわる『うらみ』がパーと心から消える思いがした」と晴れやかに、曇りない瞳で語ってくれました。童顔にかえった「おばあ」の顔が、じつに美しく感じられました。

伊江島で同じ日、お召しの車がサトウキビ畑にさしかかったとき、両殿下は車を降りられて農夫婦に語りかけられています。きび畑に隣接するビニールハウスでは何を作っているのか、後継者はいるのか、など尋ねられ、「息子が本土の方に就職しましたけど、親の手助けのために帰ってきて、今一緒に働いています。」と答えたら喜んで下さったと、その農夫人の宮里さんはＴＢＳテレビ取材班にご先祖さまの位牌を背にして話していました。「戦前からこんなにうち解けられて、民間と接していらっしゃったら、こんな大きな戦はなかったと思います」（「春の皇室スペシャル'04」平成十六年三月十九日ＴＢＳ系放映）と。

このように大御心が光被《こうひ》するところ迷いの闇が消えるがごとく、恨みも憎しみも解消していきます。この宮里夫人の言わんとするところ、国民こぞって納得するところであるが故に、堂々と放映されたことでしょう。

要するに、かようなる二人のご婦人のエピソードを以てしても言えることは、世界に大御心が正しく伝播浸潤《しんじゅん》していなかったがために戦争が起こったということは公理の如く認識できる、ということであります。

琉歌の御歌《おうた》

このご来島の砌《みぎり》、皇太子殿下からすばらしい置きみやげを賜りました。お召しの車は城山《ぐすくやま》の中腹まで登り、展望台にお立ちになって一望された殿下がそのときのお気持ちを琉歌《りゅうか》に詠って下さったのです。

広かゆる畑　立ちゆる城山
肝乃志のはらぬ　戦世乃事（歌碑のまま）

「今目の前に広がっている畑は何事もなかったように穏やかな風情。そして私の後ろにそびえている城山《ぐすくやま》も何事もなかったかのようにそびえているけれども、この地にあんな酷《ひど》い戦があったかと思うと耐えられない思いであります。」という意味に解釈できますと、その筋の大御所外間守善氏（法政大学名誉教授）が解説しています。

外間氏はあるときのご縁で殿下時代から陛下に琉歌と沖縄語のお手ほどきに携わっておられますが、「沖縄に対するお心配《こころくば》りがあるから、こういう深々とした琉歌の詠みとりがなされて文学的表現になっているのではないかと、私は思います。」と先のテレビ放映で述べられていま

した。

この御歌は今、島の人々の寄付で石碑に刻み込まれ、城山の展望台の近くに「皇太子殿下皇太子妃殿下 御来村記念碑」として建てられています。

今上陛下が沖縄に如何に御心を注がれておられるかは、「琉歌」の御製にも伺われます。その御心の深さは、先にふれた伊江島での御製の一年前、摩文仁の丘を行幸啓されたときすでにお詠みになった御製にも伺えます。

ふさかいゆる木草めぐる戦跡　くり返し返し　思ひかけて
生い茂っている草木の間をめぐったことよ　戦いの跡にくり返し思いを馳せながら

花よおしやげゆん人知らぬ魂　戦ないらぬ世よ　肝に願て
花を捧げます　人知れぬ御霊に　戦いのない世を心から願って

これを殿下から示されたとき、前出の外間守善氏は「無名戦士の塔に詣でて、戦争のない世界を祈願なさったであろう両殿下のお姿が髣髴《ほうふつ》として私には万感胸に迫るものがあった。」(『諸君！』平成二十年七月号)と述懐されています。さらに氏は、

「摩文仁の戦跡地を巡られた思いを『くり返しくり返し思ひかけて』と結句されたのは、

殿下の悲痛なご心中の飾りのない表白であったのだろうと推測した。」と解説されています。そして「万感胸に迫るものがあった」理由が特別にあるのです。それは少しづつ話を遡《さかのぼ》らねばなりません。

沖縄へ初ご来島

初めて殿下が沖縄をご訪問される日程が決まったとき、摩文仁の丘の行啓は予定に入っていなかったのです。そのころ、言語・文学方面から『おもろさうし』について両殿下にご進講を度重ねていた外間守善氏は、殿下から東宮御所に呼ばれて尋《たず》ねられました。「戦没者鎮魂のため南部戦跡を訪ねたいのですが、外間さんはどう思いますか」と。宮内庁も当地沖縄の沖縄国際海洋博覧会の主催者側委員会も殿下の摩文仁の丘行きには大反対であったらしいのです。お一人お悩みの果てに、どうも氏の賛意を殿下は欲せられたようです。氏の返事は書かれていませんが、「南部戦跡が日程に入ることになったのには殿下の強い御意志があったのである。」と書いて(同前記『諸君！』)、その後の描写があります。

「出発の前日には、殿下が自ら『談話』との一文を書かれた。私は英訳担当の学者と二人、東宮御所で深夜まで検討を重ねた。帰り際に私が「何が起こるかわかりませんから、ぜひご用心下さい」と申し上げたところ、殿下は静かに「何が起きても、受けます。」とおっしゃった。並々ならぬご決意が伝わってきた。」

ご存じのとおり事件は起こりました。そのことを東京で知った氏は、「賛成しない方がよかったのか」と気が動転しているところへ「外間さんが心配しているだろうから」と殿下から指示された八木貞二侍従の電話を受けております。殿下は屋良朝苗知事（当時）たちと夕食中の時間帯でした。

何が起きたか、外間氏の描写を転記してみましょう。

「車が糸満の白銀堂にさしかかった時、白銀病院から爆竹のようなものが車列に投げられた。幸い事なきを得たが、事はその後訪問した『ひめゆりの塔』で起こった。慰霊碑に献花をして両殿下が左側に二メートルほど移動した瞬間にガマ（洞窟）に潜んでいた犯人が火炎瓶を投げつけたのだ。火炎瓶は献花台にぶつかって破裂した。警護の人々が両殿下をかばったが、両殿下は前を向いたままだった。そして、警護の者に押されるような形で車に乗られたという。」

御聖徳

このとき妃殿下のとっさの行動が美談として伝わっています。我が身を犠牲にして殿下を庇《かば》おうとなさったのです。そしてその後の両殿下の決然たる、いや平然たるお態度と日程上寸分の変更もない爽やかなお姿は県民の心を打ちました。

その日の最終日程のくろしお会館（沖縄県遺族連合会会館）での行事には、予定に入っていなかった「ひめゆり同窓会」の人たちをもお招きになって、昼間の事件の心労を慰められました。いつくしみの大御心のうつしです。いたわりとおもいやりのほどこしです。そして外間氏も準備に携わったという「談話」（御言葉）を話されました。

「私たちは沖縄の苦難の歴史を思い、沖縄戦における県民の傷跡を深く顧み、平和への願いを未来に繋ぎ、ともどもに力をあわせて努力していきたいと思います。」と切り出されて、「払われた多くの尊い犠牲は一時の行為や言葉によってあがなえるものではなく、人びとが長い年月をかけて、これを記憶し、一人ひとり、深い内省の中にあって、この地に心をよせ続けていくことをおいて考えられません。」

と思いやって下さっています。

涙して聞き入る遺族たちの様子も伝えられました。当時遺族会の役員であった現沖縄県護国神社の代表役員である座喜味和則氏などは、その謦咳に浴しています。「万感胸に迫るもの」を感じたのは琉歌にかぎらず、まさにこうしたすべての場面で大御心の代行を実施された両殿下の御聖徳に直面した人々の実感でありました。

対馬丸

しかし、外間氏には特別の深い事情があります。そもそも氏がこうして殿下に信頼され身近でお仕えしている事情の秘話があるのです。さらに話が遡ります。

氏が初めて両殿下にお目にかかった昭和四十三年の東京日本橋三越で開催された「これが沖縄だ」展にまで戻ります。展覧会は朝日新聞社と沖縄タイムス社との共催で沖縄の戦争の悲劇と戦争の実態を、本土で初めて広く紹介した企画でした。氏の役目は沖縄戦の体験者として両殿下に沖縄戦のパネルを説明することでありました。分刻みのスケジュールにそって、合図係が手を回して先を急がせる中、あるパネルの前で両殿下の御足がピタリと止まってしまったのでした。それはアメリカの潜水艦ボーフィン号に撃沈された学童疎開船「対馬丸」のパネルでした。

私情を殺し、客観的にと努めていた説明役の外間氏に突如、当時十九歳だった自分が縄ばしごに臆する子供たちの乗船を助け、妹の外間静子や妹の友人を船底に連れて行って居場所を確保してやったときの場面が生々しくよみがえってきたのでした。一通りの説明のあと「私の妹静子も乗っておりました、帰りませんでした」と言わされてしまった。妃殿下はハンカチを出されぎゅっと握りしめ身を震わせ、殿下も硬直したように動かれなくなりました。合図係がいくら手を回しても進むことができなくなってしまいました。殿下が静かに対馬丸の遭難に関するいくつかの質問をされたあと、妃殿下が、「妹さんはいくつでしたか」と尋ねられました。氏は「じゅう……さん……さい……でした」と答えるのが精一杯でした……。

尊い後日譚

この模様は、外間守善氏の手記「琉歌四十首のノート」（『諸君！』平成二十年八月号に掲載）を引用しながら紹介させていただきましたが、図らずもその後日譚《ごじつたん》のような、忝《かたじけ》なくも尊いこぼれ話が目につきました。情報源は、あとで触れます。

平成二十年八月十六日、東京・新宿文化センターで「学童疎開船メモリアルウイーク企画展」が開催されましたとき、秋篠宮殿下ご一家が訪れられています。かの「対馬丸」と、同じく学童疎開船「武州丸」（昭和十九年九月二十五日に沈められる）に関する写真パネルや、対馬丸に乗っていた「姉妹」の遺品であるランドセルなどが展示されました。

「秋篠宮殿下は対馬丸の遺品展示を見ながら、眞子さま、佳子さまに一生懸命話しかけておられました。ちょうど遺品のランドセルが置いてあるところがあって、『こっちへ来て、見てごらん』と声をかけたりして、説明されていました。展示を見ながら、紀子さま、眞子さま、佳子さまは目をうるませていらっしゃったようです。」

当日展示会場で説明役を務めた対馬丸記念会の高良政勝氏は、そのように言っています。

ここに当然の如く法政大学名誉教授・外間守善氏がおられました。四十年前日本橋三越

本店で初めて当時の皇太子・同妃両殿下のご説明役を果たした氏は、その後いっとき学習院大学でも教鞭を執ることになって、じつは紀子妃が学習院大学生のとき特に志願して外間教授のゼミを受けておられたのです。したがってその会場で二人は再会を喜びあった様子も伝えられています。

さて、その「学童疎開船メモリアルウイーク企画展」を主催した山本和昭氏（沖縄と本土の小中学生が交流する「本土・沖縄豆記者交歓会」の代表世話人）がこう言っているのです。

「両陛下は、皇太子時代から対馬丸が沈んだ八月二十二日にはお子様方と黙祷なさっています。そのため、殿下も五、六歳のころから対馬丸についてはご存じで、ご自分と同じように、お子様にお伝えしたいという気持ちがおありだったと思います。」

読者の皆さん。秋篠宮さまが五、六歳のときといえば、あの日本橋三越本店での出来事と符節が合うではありませんか。ご両親である当時皇太子・同妃両殿下が受けられた衝撃はいかにも尋常ではなかったことがうかがわれます。その結果、お子様方への懇《ねんご》ろな説明とともに冥福祈念の実施（黙祷）を、ご一家お揃いで「四つの日」に加えて、八月二十二日にもなさってこられたのでありましょう。これがわが民族中心ご皇室の実態です。国民統合の象徴として忝なく仰ぎ尊びまつり、感動措《お》くあたわざるところと申し上げるべきではありませんか。

四つの日

この「四つの日」とは、つとに周知のように、今上陛下が皇太子時代から「どうしても記憶しておかなければならない日」として沖縄戦終結の日（六月二十三日）、広島原爆被災の日（八月六日）、長崎原爆被災の日（八月九日）、終戦記念日（八月十五日）をあげられておられ、ご一家全員で、「犠牲者の冥福を祈り、平和を守る決意をこめて」黙祷を献げていらっしゃる日のことを指します。

かつて平成六年六月に両陛下ご訪米の砌、サンフランシスコ市長主催の晩餐会の直前、その日が沖縄県全戦没者慰霊の日（六月二十三日・沖縄戦終結の日）であったため、お二人はホテルのお部屋の中で黙祷を献げて下さいました。海外においてもこのように大御心は沖縄に向けられています。はたして県民の皆さんには知らされているのでありましょうか。

椛島有三氏は、近著『日本人として知っておきたい皇室のこと』で、このときのことをつぎのようにふれています。

「渡邉允宮内庁侍従職御用掛によると、その準備段階において陛下は、沖縄での追悼式典がいつ行われるのかを調べるようにお命じになったという。それはちょうどサンフランシスコ市長が主催する晩餐会が始まる時刻と重なっており、陛下は晩餐会の開始を少し遅らせてもらえるように先方の市長に侍従を通して依頼された。」

なんと周到なお心配りではありませんか。先ほどから紹介しています「学童疎開船メモリアルウイーク企画展」にまつわることごとは、保阪正康氏の「秋篠宮が天皇になる日」（『文藝春秋』平成二十一年二月特別号）によるものですが、この評論は、「ノンフィクション」をかたる保阪勘ぐりの保阪フィクションめいた、皇太子さまを貶《おとし》めようとする好ましくない論容なのですが、彼らが書き立てるなかでも、ご皇室の畏《かしこ》き忝なき実態を浮かび上がらせる功績を残す場合があります。つぎに引用します文章もその一例で、「四つの日」にまつわるダメ押しです。保阪氏の一文です。

秋篠宮と二十年以上の交流があり、海外調査などにも数多く同行している赤木攻氏(東京外国語大学特任教授・大阪外国語大学名誉教授)は、

「この四つの日には、殿下はたとえ海外にいても必ず黙祷を行っています。一昨年、殿下と眞子さんが一緒にマダガスカルに行かれたのも八月でした。このことでは同行している私も、いつも頭が下がる思いがする。」

と証言する。

決して目立つようにではなく、たとえ一人であろうと静かに黙祷する姿からは、父の教えを忠実に守ろうとしていることが伝わってくる。

あとがきにかえて
——本小冊子の誕生のいきさつ

平成二十一年二月二十四日から二十七日まで第五回全国護国神社神職皇居勤労奉仕団に参加し、貴重な体験をさせていただきました。かねてから希望しておりましたことが、望外の形で実現しました。年齢制限ぎりぎりの七十歳で、しかも宮司である手前、団長をおおせつかり、青壮年神職の皆さんに率先奉仕の範を示さねばならぬ立場に置かれた緊張の日々でありました。

もっとも、緊張の真の理由は、ご奉仕期間中に天皇・皇后両陛下、皇太子・同妃両殿下から御会釈を賜る光栄に浴するということにあり、その際団長は団員を後ろにひかえて、指呼の間に接近される殿下、陛下に対し団体名を名乗りご下問にお答えしなければならないという重責が課せられていたからでもありました。

ご奉仕第一日目に赤坂御用地の休処にて午後一時三十分に皇太子殿下の御会釈があり、最終日の四日目に皇居の蓮池参集所にて午前十一時四十分に天皇・皇后両陛下から御会釈を賜りました。そのときだけ、その場所が別次元空間になりました。雅子妃殿下は残念ながらお出ましなく皇太子殿下御一人での御会釈でしたが、その御稜威《みいきおい》はつぎの天子さまにふさわしく、一陣の風を感じさせる圧迫感を抱かされました。お言葉と雰囲気はやさしく慈愛にみちたあたたかいお心が感じられました。

さて両陛下が蓮池参集所にお出ましのときは、先ほど降りられた自動車は宇宙船ではなかったかと紛《まご》うほどに、そこだけが気圧も違うような、ふわーとゆっくり御足を運ばれ、そばに来られたときは異次元スポットにすっぽりつつまれて、忝なさに涙こぼるる思いのままお言葉を拝し、お答え申し上げました。

「遺族の方もご高齢になられていますので心の支えになってあげて下さい。」とお言葉を戴きました。皇后さまからは「神霊《みたま》のお護りをよろしく。」と戴きました。そのときの様子は別掲のとおりで、なんとか重責を果たすことができました。

ところが大変なことが起こりました。両陛下御会釈の日の午後は牡丹雪が降りしきる、東京では珍しい寒冷の日であったため、勤労奉仕者たちの健康を気遣って、宮内庁の配慮によって奉仕は中止になりました。予定より早く靖国神社に引き上げて帰路の準備に取りかかっていた時刻、午後四時頃、宮内庁から総務課の職員お二人が、小生を訪ねて来られました。三井権宮司（靖国神社）同席のもと宮司応接室で迎えましたところ、勤労奉仕に対する懇ろなお礼の言葉につづいて「これは侍従職から預かって参りましたものですが、皇后さまから『沖縄県護国神社からお越しの方がおられたので、この『瀬音《せおと》』という本を差し上げて下さい。沖縄県護国神社を詠んだ歌が載っておりますから。』というお言葉であったらしいです。」と言われながら、宮内庁の茶封筒を差し出されました。

この御本は皇后さまの歌集として大変広く国民に読まれているばかりでなく、竹本忠雄氏によるフランス語翻訳本が世界の要人・知識人に大反響を呼びおこし、美智子皇后さまの歌人としての世界的名声をいまや揺るぎないものにした貴重な御本であります。

「沖縄県護国神社のことをお詠《よ》み下さっているとは存じませんでした。どこに載っているのでしょうか。」と宮内庁のそのお二方に尋ねました。「いえ、私どもはわからないんです。」というお答え。したがって封筒から御本を取り出すこともなく、皇后さまのおこころを深甚《しんじん》の感謝の気持ちで押し戴いて御礼の言葉を申し上げるばかりでした。

翌朝身を清めてすがすがしく、皇后さまからの下賜《かし》本を茶封筒からおそるおそる取り出しました。ふと御本の束の上部に突起物があることに気づきました。なんと色濃き浅黄の付箋が香しく、「ここですよ」といわんばかりにのぞいているではありませんか。皇后さまの行き届いたおもいやりの、おこころづくしに電撃が走りました。そーとおもむろにその頁を開きました。六十七頁でした。

鹿子《かこ》じものただ一人子を捧げしと護国神社に語る母はも

という名歌です。

先の竹本忠雄氏の『皇后宮　美智子さま　祈りの御歌』によれば、この御歌から皇后さまの歌風が歴然と変化を示し、心の情感の中身にふれられるお言葉で歌われるようになった注目すべき御歌であるとのことです。

そのことを知らされていた御歌ですから、「エー？　これが沖縄県護国神社のことをお詠《うた》い下さったものであったのか」という驚きと、つづいて秘密の宝庫でも知らされたかのような歓《よろこ》びの感動が沸いてきました。作者皇后さまから、ここで詠われている「護国神社」は紛れもなく「沖縄県護国神社」であることを初めて明かして下さったことになるからです。言ってみれば、侍従職も宮内庁関係者も、さらに全国五十二社ある護国神社の関係者も神社界関係者も、いまだ誰一人知る人はいないわけです。今封筒から取り出した小生だけが知らされたことになるのです。

図らずも全国護国神社神職の勤労奉仕団の一員として皇居に参上させていただき、栄誉にも団長の任を授かり、天皇陛下から沖縄に対する特別のお言葉を賜り、そのうえ皇后陛下から格別のお心くばりまで頂戴いたしました。只ならない神はからいを感じ、その忝なさを胸に抱いて帰沖しました。

今は粛々といかにこの御心にお応えするべきか、神社ではこの御歌の「歌碑」を境内に建立させていただく計画を進め始めました。そして、ささやかながら小生個人もなんらか微忠の印になるものを御返礼にと思いついたのが、この小冊子『大御心と沖縄』の上梓でありました。光を桝の下にかくすことなく、大御心を世に輝かす一助になれば幸いです。

沖縄に御聖徳がいかに光被《こうひ》浸潤していきつつあるか、その事蹟があまりにもたくさんあります。「その二」、「その三」……の上梓に向けて微力ながら尽くして参ります。

●全国護国神社会定例総会資料から

皇太子殿下御会釈の事

（平成二十一年二月二十四月午後一時三十分　於赤坂御用地休処）

伊藤団長　「靖国神社並びに護国神社青壮年神職研修生による全国護国神社神職奉仕団伊藤陽夫外十六名でございます。」

皇太子殿下　「神社の方はいかがですか。」

伊藤団長　「大御心を戴き、遺族・崇敬者の心の支えとなるよう日々奉仕に励んでおります。昨日（皇太子殿下お誕生日）はおめでとうございました。」

皇太子殿下　「ありがとう。全国からですか。」

伊藤団長　「はい。全国の護国神社から参っております。」

皇太子殿下　「そうですか。皆様御苦労さまです。お元気で。」

最後に全奉仕団（四団体）揃って伊藤団長の発声により、「皇太子殿下、皇太子妃殿下萬歳」を三唱す。

天皇皇后両陛下御会釈の事

（平成二十一年二月二十七日午前十一時四十分　於皇居蓮池参集所）

伊藤団長　「私どもは靖国神社並びに全国護国神社青壮年神職によります全国護国神社神職皇居勤労奉仕団団長伊藤陽夫外十六名でございます。」

天皇陛下　「御苦労さまです。遺族の方も御高齢になられていますので、心の支えになってあげて下さい。」

伊藤団長　「大御心にお応え申し上げるべく、鋭意奉仕努力させていただいております。」

天皇陛下　「どちらからお越しですか。」（伊藤団長に対し）

伊藤団長　「沖縄県護国神社から参りました。」

天皇陛下　「沖縄県は先の大戦では沢山の人が亡くなられておりますね。」

伊藤団長　「はい。陛下には度々沖縄にお越し下さいまして県民は喜んでおります。またお越し下さることをお待ちしております。」

皇后陛下　「お尽くし下さい。」

天皇陛下　「お元気で。」

最後に全奉仕団（四団体）揃ってＪＡ（岐阜県）団長の発声により「天皇陛下、皇后陛下萬歳」を三唱す。

御下がり遊ばす際

皇后陛下　「神霊のお護りをよろしく。」

との御言葉を賜わる。また両陛下より団員に対し三度ほど御会釈を賜わる。

以上

大御心と沖縄　その一

発行日　2009年4月10日　第1刷発行

著　者　伊藤 陽夫
沖縄県護国神社
沖縄県那覇市奥武山町44番地　〒900-0026
電話 098-857-2798

発　行　京都通信社
京都市中京区室町通御池上る御池之町309　〒604-0022
電話 075-211-2340　http://www.kyoto-info.com/kyoto/

写真　安田 淳夫

Printed in Japan　ISBN978-4-903473-90-1

付録

『御創建七十五年記念事業誌』沖縄県護国神社刊（三十一～三十三頁）から転載

御製・御歌の歌碑建立のいきさつ

除幕式で完功奉祝祭の冒頭を飾る

沖縄県護国神社　宮司　**伊藤陽夫**

御創建七十五年記念事業完功奉祝祭典（平成二十三年四月二十三日第五十三回春季例大祭と併斎）の朝は、小雨から驟雨《しゅうう》となり境内の祭典準備は困難をきわめていた。ところが、祭典前の十二時四五分からの御製《ぎょせい》・御歌《みうた》の「歌碑」除幕式に新社務所玄関を出る関係者を迎えてくれたのは、雨上がりの吉兆である小鳥のさえずりであった。まるで雨の幕をさっとあけて式が始まった。この瑞兆には参列者一同感嘆の声を禁ずることができず、境内は囁《ささや》きでざわめいた。

御製

弥勒世よ願て揃りたる人たと戦場の跡に松よ植ゑたん

御歌

鹿子じものただ一人子を捧げしと護国神社に語る母はも

除幕とともに漆黒の二本の久米石に、それぞれ金文字の鮮やかな揮毫が輝いた。

昭和四十年のご本殿建立に次ぐ今回の新社務所建設を始めとして、境内刷新の記念事業という大きな

鹿子《かこ》じもの ただ一人子《ひとりご》を 捧げしと 護国神社に 語る 母はも
昭和49年、皇后陛下は、皇太子妃として三県にわたり
護国神社にお参りになっており、そのいずれかの折に
お詠みになった御歌です。「鹿子じもの‥」は「ただ一人
の大切な子」を意味し、護国神社で会われた遺族への
深いお気持ちが詠まれています。

御製・御歌の歌碑

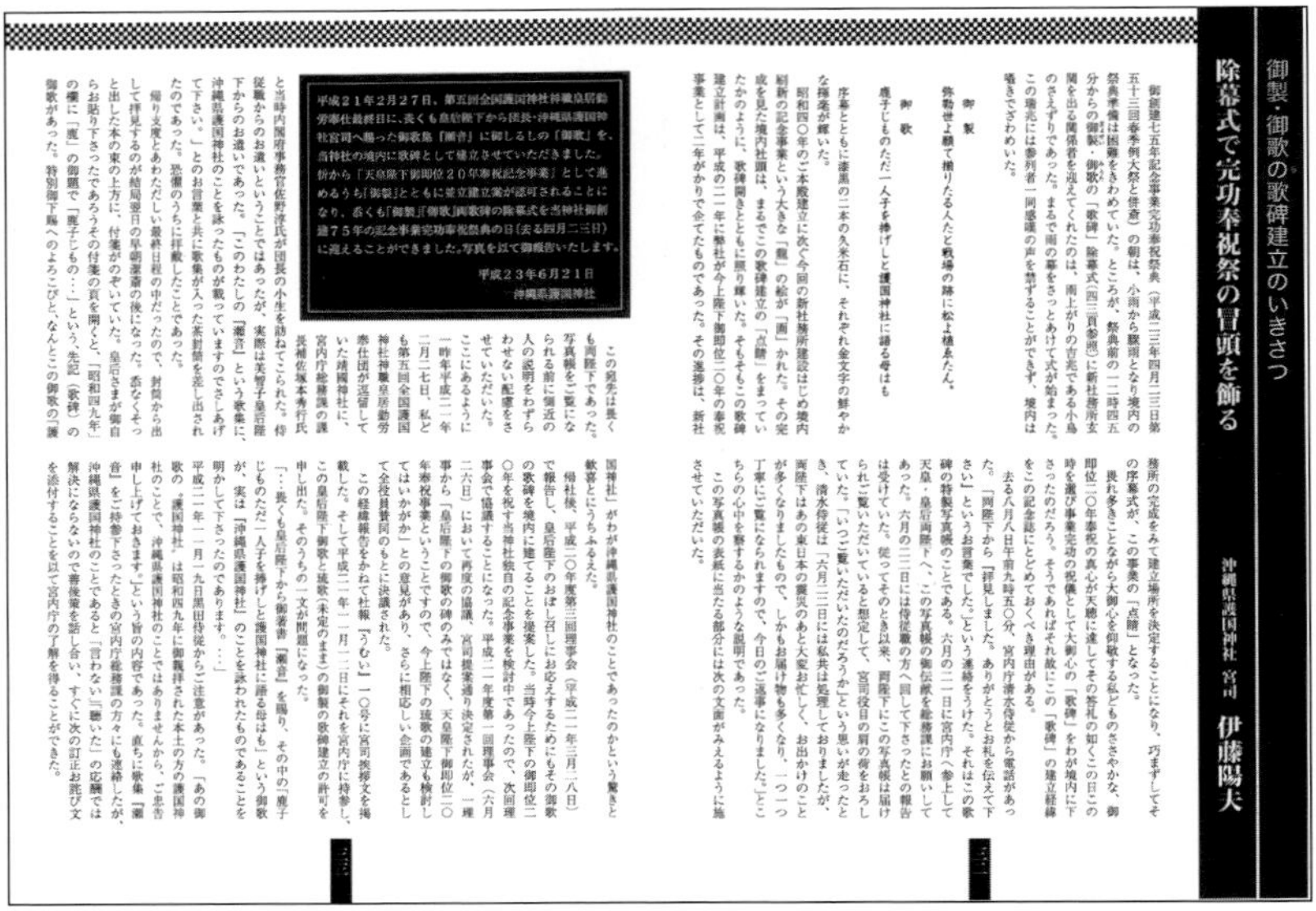

御製・御歌の歌碑建立のいきさつ

除幕式で完功奉祝祭の冒頭を飾る

沖縄県護国神社 宮司 伊藤陽夫

御創建七五年記念事業完功奉祝祭典（平成二三年四月二三日第五十三回春季例大祭と併斎）の朝は、小雨から驟雨となり境内の祭典準備は困難をきわめていた。ところが、祭典前の一二時四五分からの御製・御歌の「歌碑」除幕式（四三頁参照）に新社務所玄関を出る関係者を迎えてくれたのは、雨上がりの吉兆である小鳥のさえずりであった。まるで雨の幕をさっとあけて式が始まった。この瑞兆には参列者一同感嘆の声を禁ずることができず、境内は喝きでざわめいた。

御製

弥勒世よ願て揃りたる人たと戦場の跡に松よ植ゑたん。

御歌

鹿子じものただ一人子を捧げしと護国神社に語る母はも

序幕とともに漆黒の二本の久米石に、それぞれ金文字の鮮やかな揮毫が輝いた。

昭和四〇年のご本殿建立に次ぐ今回の新社務所建設はじめ境内刷新の記念事業という大きな「龍」の絵が「画」かれた。その完成を見た境内社頭は、まるでこの歌碑建立の「点睛」をまっていたかのように、歌碑開きとともに照り輝いた。そもそもこの歌碑建立計画は、平成の二一年に弊社が今上陛下御即位二〇年の奉祝事業として二年がかりで企てたものであった。その進捗は、新社務所の完成をみて建立場所を決定することになり、巧まずしてその序幕式が、この事業の「点睛」となった。

畏れ多きことながら大御心を仰敬する私どものささやかな、御即位二〇年奉祝の真心が天聴に達してその答礼の如くこの日この時を選び事業完功の祝儀として大御心の「歌碑」をわが境内に下さったのだろう。そうであればそれ故にこの「歌碑」の建立経緯をこの記念誌にとどめておくべき理由がある。

去る八月八日午前九時五〇分、宮内庁清水侍従から電話があった。「両陛下から『拝見しました。ありがとうとお礼を伝えて下さい』というお言葉でした。」という連絡をうけた。それはこの歌碑の特製写真帳のことである。六月の二一日に宮内庁へ参上して天皇・皇后両陛下へ、この写真帳の御伝献を総務課にお願いしてあった。六月の二二日には侍従職の方へ回して下さったとの報告は受けていた。従ってそのとき以来、両陛下にこの写真帳は届けられご覧いただいていると想定して、宮司役目の肩の荷をおろしていた。「いつご覧いただいたのだろうか」という思いが走ったとき、清水侍従は「六月二二日には私共は処理しておりましたが、両陛下はあの東日本の震災のあと大変お忙しく、お出かけのことが多くなりましたもので、しかもお届け物も多くなり、一つ一つ丁寧にご覧になられますので、今日のご返事になりました。」とこちらの心中を察するかのような説明であった。

この写真帳の表紙に当たる部分には次の文面がみえるように施させていただいた。

平成21年2月27日、第五回全国護国神社神職皇居勤労奉仕最終日に、畏くも皇后陛下から団長・沖縄県護国神社宮司へ賜った御歌集「瀬音」に御しるしの「御歌」を、当神社の境内に歌碑として建立させていただきました。折から「天皇陛下御即位20年奉祝記念事業」として進めるうち「御製」とともに並立建立案が認可されることになり、畏くも「御製」「御歌」両歌碑の除幕式を当神社御創建75年の記念事業完功奉祝祭典の日（去る四月二三日）に迎えることができました。写真を以て御報告いたします。

平成23年6月21日
沖縄県護国神社

この宛先は畏くも両陛下であった。写真帳をご覧になられる前に側近の人の説明をわずらわせない配慮をさせていただいた。ここにあるように一昨年平成二一年二月二七日、私ども第五回全国護国神社神職皇居勤労奉仕団が逗留していた靖國神社に、宮内庁総務課の課長補佐坂本秀行氏と当時内閣府事務官佐野淳氏が団長の小生を訪ねてこられた。侍従職からのお遣いということではあったが、実際は美智子皇后陛下からのお遣いであった。「このわたしの『瀬音』という歌集に、沖縄県護国神社のことを詠ったものが載っていますのでさしあげて下さい。」とのお言葉と共に歌集が入った茶封筒を差し出されたのであった。恐懼のうちに拝載したことであった。

帰り支度とあわただしい最終日程の中だったので、封筒から出して拝見するのが結局翌日の早朝潔斎の後になった。忝なくそっと出した本の東の上方に、付箋がのぞいていた。皇后さまが御自らお貼り下さったであろうその付箋の頁を開くと、「昭和四九年」の欄に「鹿」の御題で「鹿子じもの…」という、先記（歌碑）の御歌があった。特別御下賜へのよろこびと、なんとこの御歌の「護国神社」がわが沖縄県護国神社のことであったのかという驚きと歓喜とにうちふるえた。

帰社後、平成二〇年度第三回理事会（平成二一年三月二八日）で報告し、皇后陛下のおぼし召しにお応えするためにもその御歌の歌碑を境内に建てることを提案した。当時今上陛下の御即位二〇年を祝す当神社独自の記念事業を検討中であったので、次回理事会で協議することになった。平成二一年度第一回理事会（六月二六日）において再度の協議、宮司提案通り決定されたが、一理事から「皇后陛下の御歌の碑のみではなく、今上陛下の琉歌の建立も検討してはいかがか」との意見があり、さらに相応しい企画であるとして全役員賛同のもとに決議された。

この経緯報告をかねて社報『うむい』一〇号に宮司挨拶文を掲載した。そして平成二一年一一月一二日にそれを宮内庁に持参し、この皇后陛下御歌と琉歌（未定のまま）の御製の歌碑建立の許可を申し出た。そのうちの一文が問題になった。

「…畏くも皇后陛下から御著書『瀬音』を賜り、その中の『鹿子じものただ一人子を捧げしと護国神社に語る母はも』という御歌が、実は『沖縄県護国神社』のことを詠われたものであることを明かして下さったのであります。…」

平成二一年一一月一九日黒田侍従からご注意があった。「あの御歌の『護国神社』は昭和四九年に御親拝された本土の方の護国神社のことで、沖縄県護国神社のことではありませんから、ご忠告申し上げておきます。」という旨の内容であった。直ちに歌集『瀬音』をご持参下さったときの宮内庁総務課の方々にも連絡したが、沖縄県護国神社のことであると「言わない」「聴いた」の応酬では解決にならないので善後策を話し合い、すぐに次の訂正お詫び文を添付することを以て宮内庁の了解を得ることができた。

『御創建七十五年記念事業誌』沖縄県護国神社（2011 年）

「龍」の絵が「画」かれた。その完成を見た境内社頭は、まるでこの歌碑建立の「点睛」をまっていたかのように、歌碑開きとともに照り輝いた。そもそもこの歌碑建立計画は、平成二十一年に弊社が今上陛下御即位二十年の奉祝事業として二年がかりで企てたものであった。その進捗は、新社務所の完成をみて建立場所を決定することになり、巧まずしてその除幕式が、この事業の「点睛」となった。

畏れ多きことながら大御心を仰敬する私どものささやかな、御即位二十年奉祝の真心が天聴に達してその答礼の如くこの日この時を選び事業完功の祝儀として大御心の「歌碑」をわが境内に下さったのだろう。そうであればそれ故にこの「歌碑」の建立経緯をこの記念誌にとどめておくべき理由がある。

去る八月八日午前九時五十分、宮内庁清水侍従から電話があった。「両陛下から『拝見しま

「謹んで訂正のお詫びを申し上げます。
宮司挨拶文（三頁）中、皇后陛下御歌の『護国神社』は〝沖縄県護国神社〟と特定することは相応しくないことが判明しました。すべて当方の誤認として御了容下さいますようお願い申し上げます。」
（平成二二年一一月二五日・沖縄護国神社宮司・伊藤陽夫）

さてそうなると、この御歌と当神社の直接の所縁はなくなったが、「護国神社」を如何にお心に掛けて下さっているかを皇后陛下自ら付箋まで貼って御歌集を当神社宮司に御下賜くださりお示し下さった、この事実は否定すべくもない忝なき事実である。このおぼし召しに対する報謝御礼の意を表する企画として、歌碑建立を御即位二〇年奉祝の記念事業とすることは、改めて平成二二年度第三回理事会(平成二三年一月二三日)で再確認された。

御製の選定は、第一回新社務所造営合同委員会（平成二二年八月二七日）において、全理事案内の会合なる理由にて宮司から提案協議され、平成五年今上陛下が「天皇陛下」として初めて沖縄御来島の御全国植樹祭でお詠み下さった「弥勒世よ…」（冒頭歌碑の御製)という琉歌を選定し、理事会決定とした。平成二二年一〇月一八日、宮司が宮内庁に参上し申請した。当然これは沖縄県に賜ったものであるため、宮内庁一存ではいかない。県の了解があれば結構ということで、尽日を経ず渡場幸之助氏（本誌五〇頁に登載）の仲介によって知事秘書室との電話交渉（一〇月二九日）で、即答で了解を取ることができた。

揮毫者の選択は、御製に関しては沖縄県随一の、すでに国立劇場前の御製歌碑に揮毫を揮われている茅原南龍先生に願い出て快諾を得た。御歌に関しては、『神社新報』の題字を揮毫した柏木白光女史が講演会前日参拝来社の時、これまでのいきさつを初対面である宮司（小生）から聞いているうちに揮毫奉仕を決意されて申し出られた。

さらに歌碑建立工事に関しては、当神社の監査役である山城政治氏が会長の山城開発（株）が落札し、秘蔵していた久米石（久米島産）が使われ精根こめて完工した。落成後、石工士であった李場龍氏の報告によれば、友人のチベット人を当神社へ案内した際、その友人がこの歌碑の数メートル前のところに立ち止まり、光が来て前に進めないと言って雨上がりのぬかるんだ地面にひれ伏してしまったという。しばしうずくまっていて、立ち上がっても後ろずさりするようにしてタクシーに乗ったという。御製・御歌の意義、威厳、威光の知識なき異国の人にもかく感じるものを境内に放っている。

さて、皇后陛下の御歌の中にある「護国神社」については宮内庁から後日左のような正式返答を戴いた。

「昭和四九年、皇后陛下が皇太子妃として三県にわたり護国神社にお参りになられた三県について調べましたところ、昭和四九年七月に愛媛県、八月に福岡県、九月に滋賀県を行啓になられております。」

これら三県の護国神社ではまだ歌碑をお建てになったとは伺っていない。沖縄県護国神社が先んじてしまった結果になった。皇后陛下の御歌の趣旨は勿論神社を特定する必要はなく、全国の護国神社全般に対して下さった御心として忝く拝するべきである。従って弊社の境内に建立させていただくことは決して理由なきことではない。これまで昭和四九年に皇后陛下が「護国神社」のことをこのようにお詠みくださっていることに対し、これまで全国の護国神社がなにがしか反応を示させていただいたのであろうか。かく言う愚生も右いきさつを述べ来った通り恥じ入るばかりである。今回の弊社の歌碑建立が全国の護国神社に代わって欠礼挽回の御敬表明の徴忠として広く容れられることを願う次第である。

三四

した。ありがとうとお礼を伝えて下さい』という御言葉でした。」という連絡をうけた。それはこの歌碑の特製写真帳のことである。六月の二十一日に宮内庁へ参上して天皇・皇后両陛下へ、この写真帳の御伝献を総務課にお願いしてあった。六月の二十二日には侍従職の方へ回して下さったとの報告は受けていた。したがってそのとき以来、両陛下にこの写真帳は届けられご覧いただいていると想定して、宮司役目の肩の荷をおろしていた。「いつご覧いただいたのだろうか」という思いが走ったとき、清水侍従は「六月二十二日には私共は処理しておりましたが、両陛下はあの東日本の震災のあと大変お忙しく、お出かけのことが多くなりましたもので、しかもお届け物も多くなり、一つ一つ丁寧にご覧になられますので、今日のご返事になりました。」とこちらの心中を察するかのような説明であった。

この写真帳の表紙に当たる部分にはつぎの文面（本誌八十頁参照）がみえるように施させていただいた。

この宛先は畏《かしこ》くも両陛下であった。写真帳をご覧になられる前に側近の人の説明をわずらわせない配慮をさせていただいた。ここにあるように一昨年平成二十一年二月二十七日、私ども第五回全国護国神社神職皇居勤労奉仕団が逗留していた靖国神社に、宮内庁総務課の課長補佐塚本秀行氏と当時内閣府事務官佐野淳氏が団長の小生を訪ねてこられた。侍従職からのお遣いということではあったが、実際は美智子皇后陛下からのお遣いであった。「このわたしの『瀬音』という歌集に、沖縄県護国神社のことを詠ったものが載っていますのでさしあげて下さい。」とのお言葉と共に歌集が入った茶封筒を差し出されたのであった。恐懼《きょうく》のうちに拝戴したことであった。

帰り支度とあわただしい最終日程の中だったので、封筒から出して拝見するのが結局翌日の早朝潔斎《けっさい》の後になった。忝《かたじけ》なくそっと出した本の束の上方に、付箋がのぞいていた。皇后さまが御自らお貼り下さったであろうその付筆の頁を開くと、「昭和四十九年」の欄に「鹿」の御題で「鹿子じもの……」という、先記（歌碑）の御歌があった。特別御下賜へのよろこびと、なんとこの御歌の「護国神社」がわが沖縄県護国神社のことであったのかという驚きと歓喜とにうちふるえた。

帰社後、平成二十年度第三回理事会（平成二十一年三月二十八日）で報告し、皇后陛下のおぼし召しにお応えするためにもその御歌の歌碑を境内に建てることを提案した。当時、今上陛下の御即位二十年を祝す当神社独自の記念事業を検討中であったので、次回理事会で協議することになった。平成二十一年度第一回理事会（六月二十六日）において再度の協議、宮司提案どおり決定されたが、一理事から「皇后陛下の御歌の碑のみではなく、天皇陛下御即位二十年奉祝事業ということですので、今上陛下の琉歌の建立も検討してはいかがか」との意見があり、さらに相応しい企画であるとして全役員賛同のもとに決議された。

この経緯報告をかねて社報『うむい』十号に宮司挨拶文を掲載した。そして平成二十一年十一月十二日にそれを宮内庁に持参し、この皇后陛下御歌と琉歌（未定のまま）の御製の歌碑建立の許可を申し出た。

そのうちの一文が問題になった。

「……畏くも皇后陛下から御著書『瀬音』を賜り、その中の「鹿子じものただ一人子を捧げしと護国神社に語る母はも」という御歌が、じつは『沖縄県護国神社』のことを詠われたものであることを明かして下さったのであります。……」

平成二十一年十一月十九日黒田侍従からご注意があった。「あの御歌の〝護国神社〟は昭和四十九年に御親拝された本土の方の護国神社のことで、沖縄県護国神社のことではありませんから、ご忠告申し上げておきます。」という旨の内容であった。直ちに歌集『瀬音』をご持参下さったときの宮内庁総務課の方々にも連絡したが、沖縄県護国神社のことであると「言わない」「聴いた」の応酬では解決にならないので善後策を話し合い、すぐにつぎの訂正お詫び文を添付することを以て宮内庁の了解を得ることができた。

「謹んで訂正のお詫びを申し上げます。

宮司挨拶文中、皇后陛下御歌の「護国神社」は〝沖縄県護国神社〟と特定することは相応しくないことが判明しました。すべて当方の誤認として御海容下さいますようお願い申し上げます。」

（平成二十一年二月二十五日・沖縄護国神社宮司・伊藤陽夫）

さてそうなると、この御歌と当神社の直接の所縁はなくなったが、「護国神社」を如何にお心に掛けて下さっているかを皇后陛下自ら付箋まで貼って御歌集を当神社宮司に御下賜くださりお示し下さった、この事実は否定すべくもない忝なき事実である。このおぼし召しに対する報謝御礼の意を表する企画として、歌碑建立を御即位二十年奉祝の記念事業とすることは、改めて平成二十一年度第三回理事会（平成二十二年一月二十三日）で再確認された。

御製の選定は、第一回新社務所造営合同委員会(平成二十二年八月二十七日)において、全理事案内の会合なる理由にて宮司から提案協議され、平成五年に今上陛下が「天皇陛下」として初めて沖縄ご来島の砌《みぎり》、全国植樹祭でお詠み下さった「彌勒世よ……」(冒頭歌碑の御製)の琉歌を選定し、理事会決定とした。平成二十二年十月十八日、宮司が宮内庁に参上し申請した。当然これは沖縄県に賜ったものであるため、宮内庁一存ではいかない。県の了解があれば結構ということで、尽日《じんじつ》を経ず國場幸之助氏の仲介によって知事秘書室との電話交渉(十月二十九日)で、即答で了解を取ることができた。

揮毫《きごう》者の選択は、御製に関しては沖縄県随一の、すでに国立劇場おきなわ前の御製歌碑に麗筆を揮《ふる》われている茅原南龍先生に願い出て快諾を得た。御歌に関しては、『神社新報』の題字を揮毫した柏木白光女史が講演会前日に参拝来社のとき、これまでのいきさつを初対面である宮司(小生)から聞いているうちに揮毫奉仕を決意されて申し出られた。

さらに歌碑建立工事に関しては、当神社の監査役である山城政治氏が会長の山城開発株式会社が落札し、秘蔵していた久米石(久米島産)が使われ精根こめて完工した。落成後、石工士であった李楊龍氏の報告によれば、友人のチベット人を当神社へ案内した際、その友人がこの歌碑の数メートル前のところに立ち止まり、光が来て前に進めないと言って雨上がりのぬかるんだ地面にひれ伏してしまったという。しばしうずくまっていて、立ち上がっても後ずさりするようにしてタクシーに乗ったという。御製・御歌の意義、威厳、威光の知識なき異国の人にもかく感じるものを境内に放っている。

さて、皇后陛下の御歌の中にある「護国神社」については宮内庁から後日左のような正式返答を戴いた。

「昭和四九年、皇后陛下が皇太子妃として三県にわたり護国神社にお参りになられた三県について調べましたところ、昭和四十九年七月に愛媛県、八月に福岡県、九月に滋賀県を行啓になられております。」

これら三県の護国神社ではまだ歌碑をお建てになったとは伺っていない。沖縄県護国神社が先んじてしまった結果になった。皇后陛下の御歌の趣旨は勿論《もちろん》、神社を特定する必要はなく、全国の護国神社全般に対して下さった御心として忝なく拝するべきである。したがって弊社の境内に建立させていただくことは決して理由なきことではない。これまで昭和四十九年に皇后陛下が「護国神社」のことをこのようにお詠みくださっていることに対し、これまで全国の護国神社がなにがしか反応を示させていただいたのであろうか。かく言う愚生も右いきさつを述べ来たったとおり恥じ入るばかりである。今回の弊社の歌碑建立が全国の護国神社に代わって欠礼挽回の仰敬表明の微忠として広く容れられることを願うしだいである。

著者略歴

伊藤 陽夫 いとう・はるお

昭和13年、神戸市生まれ。

神戸商船大学卒業後、皇學館大学国史学科、國學院大学神道学科を卒業。

生長の家総裁秘書、龍宮住吉本宮初代宮司。

昭和55年教団退団後、長田神社、八坂神社、明治神宮の禰宜、沖縄県護国神社の宮司を奉務。

装道礼法学院客員教授。神戸市ユネスコ協会理事。

日本思想史学会会員。沖縄島くぅとば会会員。

著書に、『動(ゆる)ぎなき天皇国日本』(てんでんブックレット5)展転社、『ナショナリズムの季節』真世界社、『躾 なぜどうする』展転社、『あなたの美しさを引き出す本』(共著)開隆堂、『大御心と沖縄』京都通信社などがある。

沖縄にそそがれる大御心

発行日　2016年(平成28年) 2月11日 第1刷発行

著　者　伊藤 陽夫

発　行　京都通信社
京都市中京区室町通御池上る御池之町309　〒604-0022
電話 075-211-2340

http://www.kyoto-info.com/kyoto/

Printed in Japan
ISBN978-4-903473-94-9